思考的框架3

The Great Mental Models

Volume 3
Systems and Mathematics

[加拿大] 沙恩·帕里什 著
(Shane Parrish)

尚书 译

中信出版集团 | 北京

图书在版编目（CIP）数据

思考的框架 . 3 / （加）沙恩·帕里什著；尚书译. -- 北京：中信出版社 , 2024. 10. -- ISBN 978-7-5217-6898-5

Ⅰ . B80

中国国家版本馆 CIP 数据核字第 20244K054L 号

The Great Mental Models Volume 3: Systems and Mathematics
Published in 2021 by Latticework Publishing
Copyright © Farnam Street Media Inc.
Simplified Chinese translation copyright © 2024 by CITIC Press Corporation
ALL RIGHTS RESERVED
本书仅限中国大陆地区发行销售

思考的框架 3

著者：　　　［加］沙恩·帕里什
译者：　　　尚书
出版发行：中信出版集团股份有限公司
（北京市朝阳区东三环北路 27 号嘉铭中心　邮编　100020）
承印者：　　河北鹏润印刷有限公司

开本：880mm×1230mm 1/32　　印张：8.75　　　字数：220 千字
版次：2024 年 10 月第 1 版　　　　印次：2024 年 10 月第 1 次印刷
京权图字：01-2024-3100　　　　　　书号：ISBN 978-7-5217-6898-5
　　　　　　　　　　　　　　　　　定价：59.00 元

版权所有·侵权必究
如有印刷、装订问题，本公司负责调换。
服务热线：400-600-8099
投稿邮箱：author@citicpub.com

法纳姆街（Farnam Street）致力于让你每天入睡时都比早上起床时更聪明一点儿。

我们的每周通讯是全世界最受欢迎的通讯之一。每周日，我们都会分享经久不衰的理念和操作性强的见解，帮助读者在工作和生活中取得进步。

思维模型决定思维质量。

思维模型能帮你看清世界的真相，而不是活在自己的想象之中。一旦看清世界的本来面目，适应起来也就更加容易。顷刻之间，你便能拥有顺风的助力，而非逆风的阻隔。

创立法纳姆街的初衷之一是把那些改变了我一生的工具分享给全世界。为此，我们创立了"思考的框架"这一项目。本系列图书旨在向所有人提供多学科交叉融合的高质量教育，为实现全世界机会均等贡献绵薄之力。

道阻且长，幸运的是我们拥有志同道合的伙伴。在 Automattic 公司的赞助下，本系列图书得以付梓问世。Automattic 以将伟大的思想传播至世界各地为愿景，认为知识就应该被尽可能广泛地分享，这与我们的理念不谋而合。在此感谢他们的大力支持。

对于每一位读者，我想感谢你的好奇心。很高兴你愿意与我们共同踏上这段旅程。

沙恩 · 帕里什

法纳姆街创始人

目 录

序言 对广义知识的了解程度决定了你对新知识的理解程度　/ 007

系统

01　**反馈回路**　/ 012
反馈回路非常重要。学会筛选反馈,并非所有反馈都有价值。

02　**均衡**　/ 031
系统很少是静态的,会不断调整直到达成均衡,但很少有系统能长时间保持这一状态,永无止境的调整才是生活的常态。

03　**瓶颈**　/ 045
虽然我们倾向于给瓶颈贴上负面的标签,但瓶颈也能助推我们提出新的想法,找到更好的解决办法。

04　**规模**　/ 056
规模扩张并不总是好事。系统会随着规模的变化而变化。规模的大小本质上并无优劣之分,合适与否取决于你的目标和你所处的情境。

05 安全边际　/ 071

建立安全边际是应对意外情况的绝佳缓冲方式，让我们有时间进行有效的调整。当失败的风险很高时，留出足够的安全边际至关重要。

06 更迭　/ 085

新人会带来新的想法，而一定的流失率恰恰能帮助我们保持稳定。

07 算法　/ 095

算法是一套提供行动指令的明确规则，也可以将其视为一种条件判断流程，可以帮助我们忽略无关紧要的变量，转而专注于需求。

配套理念一　复杂适应系统　/ 110

08 临界质量　/ 112

以临界质量这一视角看待你希望予以改善的情况，有助于发现需要改进的设计元素和需要额外付出努力的地方。

09　涌现　/ 128

创新并非某一次聪明才智的产物,而是文化学习所引发的涌现特性的产物。

配套理念二　混沌动力学　/ 140

10　不可约性　/ 143

了解系统的不可简化成分,意味着你不会再浪费时间试图改变不可改变的成分。帮助你删繁就简,给你更多调整或转变方向的选择。

11　边际收益递减规律　/ 152

系统内投入和产出之间的关系并不总是线性的,到了一定程度就一定会出现收益递减的现象。

数学

配套理念三　分布　/ 167

01　复利效应　/ 171

不断对所学知识和周围的人进行再投资,是让自己获得可靠、稳定收益的最佳方式。

配套理念四　网络效应　/ 188

02　抽样　/ 189

增加样本容量会给我们提供有价值的信息,让我们得以从全新的视角看待自己的处境。

03 随机性 / 201
获得全新的视角,帮助我们走出困境,同时也能让我们体会到不可预测或意想不到的事物所具有的价值。

配套理念五　帕累托原则　/ 213

04 均值回归 / 214
均值回归能帮助我们区分实力和运气,让我们得以理性看待成败,不再寄希望于异常的成功。

05 乘以 0 / 225
不要过度依赖一件可能失败的事情,以防努力付诸东流。如果认为自己确实有一个 0,那么重中之重就是至少把它变成 1。

06 等价 / 238
认识解决方案的丰富性。不同的输入可以产生完全相同的结果,而且解决大多数问题的方法不止一种。

配套理念六　数量级　/ 247

07 表面积 / 249
有时我们想要更大的表面积,比如希望多多接触新想法时。表面积太大也有风险,所以当我们想要保护自己时,不妨试试缩小表面积。

08 全局最大值与局部最大值 / 260
即使一切进展顺利,我们通常也只是处于局部最大值。如何通过优化找到全局最大值?在尝试优化细节之前,先做出大的改变会更卓有成效。

减少盲点、预防问题：如何使用思维模型　/ 273

后记　/ 275

致谢　/ 277

序言
对广义知识的了解程度决定了你对新知识的理解程度

在《思考的框架》(第一册)中,我们介绍了9个基本思维模型,帮助你为构建一个经久不衰的知识格栅打下扎实的基础。事实一再证明,这些模型在解决和预防问题方面都发挥着不可或缺的作用。

在《思考的框架 2》中,我们继续这一旅程,探索了来自物理学、化学和生物学的基本理念。物理世界的真相,无论是帮助我们操纵能量的力量,还是驱动一切生物活动的行为,都是可以指导我们做出正确选择的常量,加以利用便能让我们的行动更加顺应世界的运作方式。

> 对广义知识的了解程度决定了你对新知识的理解程度。[1]
> ——希尔德·厄斯特比和于尔娃·厄斯特比

在《思考的框架 3》中,我们会介绍系统和数学领域的一些基础知识。虽然主题看似抽象,但只要经过抽丝剥茧,你很快便能发现这些知识其实与我们日常生活中的行为和互动息息相关。希望你对接下来的探索之旅充满期待。

---

1 Hilde Østby and Ylva Østby, *Adventures in Memory* (Vancouver, Canada: Greystone Books, 2018).

> 事物中能活动的部分越多，可能性就越多。[1]
> ——亚当·弗兰克

关于"思考的框架"系列图书

"思考的框架"系列图书旨在启发思维、打破成见。我们希望授人以渔，不仅教给你知识，也为你提供一个思维框架，帮助你更好地运用知识。

本系列图书的目标之一是基于经久不衰的知识提供一套工具，你可以反复使用这套工具以做出更好的决策。我们在本系列图书中介绍的思维模型定义、探讨了源于各个学科的基本概念。接着，我们会将这些概念从其所属的学科中剥离出来，告诉你如何在意想不到的场景中加以应用。我们鼓励你深入研究新的理念来不断充实你的知识工具箱，但与此同时也要充分利用已学知识，以创新的方式加以应用，从而用全新的视角看待你所面临的挑战。

在《思考的框架》（第一册）中，我们解释了思维模型其实只是事物运作机理的一种表现形式。我们用模型来保存知识，简化对世界的理解。我们不可能每天重新学一遍所有知识，所以要构建模型来划分规律，从而更有效地驾驭世界。法纳姆街的思维模型都是经过事实反复验证的可靠原则。运用模型既意味着不同学科的融会贯通，也意味着敢于将知识运用于非常规领域。

---

[1] Marc N. Kleinhenz, "Doctor Strange Advisor Explains the Science Behind Marvel's Multiverse," ScreenRant, March 2, 2017, https://screenrant.com/doctor-strange-multiverse-science/.

并非每个模型都放之四海而皆准。建立思维模型的格栅,很大一部分工作就是学习识别哪种情况最适合使用哪种模型。这需要不断练习和试错。在此过程中,及时反思、总结非常重要。在模型应用失败时要分析失败的原因。久而久之,通过反思对单个模型的使用情况,你就能明白不同模型的最佳应用场景。分析模型成功应用的原理也能让你清楚未来在何种情况下可以再度使用。

系统思维是一门观察全局的学科,是一个观察相互关系而非事物本身、观察变化规律而非静止状态的框架。[1]
——彼得·圣吉

关于本书

本书探讨了系统和数学领域的一些核心思维模型。系统无处不在,与日常生活息息相关。此外,世界的运转机制在很大程度上也能用数学原理加以解释。在每章中,我们会先解释概念背后的理论,再将概念融入现实中的例子。我们希望让你了解每一个概念的实际应用并举一反三,在日常生活中找到类似的应用场景。为此,我们会探讨如何将模型作为观察世界的镜头,从而以全新的方式看待历史故事和主题。

在阅读本书的过程中,你会发现系统与数学的关联竟是如此紧密。虽然我们已经将各个组成部分拆分开来,逐一分析、各个击破,但到最后你一定

---

[1] Peter M. Senge, *The Fifth Discipline* (London: Random House Business, 2006).

能发现模型之间的联系，你会明白瓶颈与表面积之间的关系，了解反馈回路是如何支撑众多系统交互行为的。这些经验和见解往往既适用于个体，也适用于组织。学过这些模型后，你能在几乎任何情形下观察到模型所涵盖的原理。见他人所不能见，方能避免酿成大错。

本书中的一些模型（特别是数学部分的模型）就像隐喻。我们旨在向读者展示，在面对各种挑战时如何使用这些模型发掘关键因素，并帮助读者深入理解如何利用模型背后的理念来实现目标。你知道得越多，就越容易设计出行之有效的解决方案。

而其他模型（特别是源于系统的模型）则有更直观的应用。因为系统无处不在，所以尝试在系统之外应用这些模型无异于缘木求鱼。相反，我们希望给你以启发，让你明白日常生活中系统的普遍性，从而扩展系统思维的应用范围。

在通过模型的视角观察历史实例时，务必谨记我们并非试图证明其中的因果关系。这并不是说历史上某个特定时刻发生的事情可以用某个数学公式来解释，也不是说某个历史人物就是运用了我们介绍的某个模型来指导决策。我们只是告诉你，倘若运用某一特定模型作为视角，你或许能对一段历史产生不同的理解，或者能让你从不同的角度理解为何某个人的决定会招致特定的结果。如此，你便能学会将同样的模型应用于日常生活中意想不到的情境。

最后，与前两本书一样，本书涉及的所有模型都是价值中立的，可以用来阐明任何情形积极或消极的一面。模型可能在一种情境中适用，但到了另一种情境中则不然。在介绍模型时，我们也会提及其局限性，以便读者明白何时或许应当另辟蹊径。

你可以通过我们选取的故事了解不同模型在应用上的差异。每个例子都经过我们的精心挑选，以便读者了解模型的应用范围。你可以把每个故事的元素当作路标，指引你在生活中找到最适合使用某一模型的类似情形。

最重要的是要记住，所有模型都只是工具。工具就是拿来不断尝试和探索的，要通过反复试验习得每种工具的用途。你无法单靠任何一种工具解决所有问题，就好比你打开一个工具箱，里面既有用来敲钉子的锤子，也有用来拧螺丝的螺丝刀，经过练习你就能明白何种情况该用何种工具。最好的方法是首先要保持好奇心。在打开每一章时，以开放的心态学习和更新知识。接着就是练习，每天选一个新的模型应用于你所处的情境，看看你能否以此提高理解和决策能力。最后是反思，花点儿时间分析、总结模型应用成功和失败的原因。如此，你便能逐渐了解这个工具箱的全部潜力。

让我们开始吧。

系统

01　反馈回路

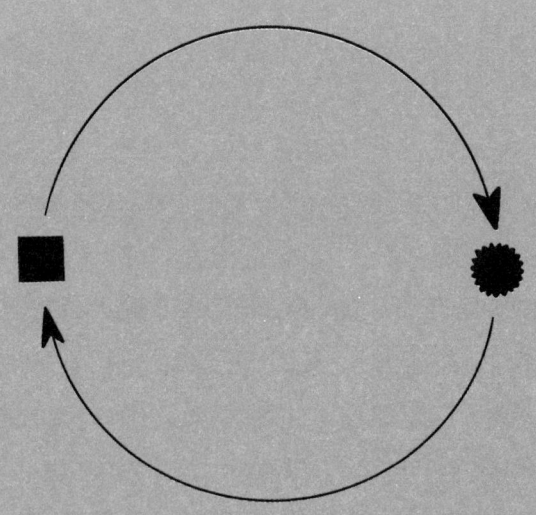

———
倾听并吸收。

反馈回路在系统中无处不在，因此是一个重要的思维模型。

可以把"反馈"看作为了回应某一行动所传达的信息。我们每天都在有意无意地给予和接收不同形式的反馈。有时反馈比较正式，比如绩效考核；有时则不那么正式，比如肢体语言就是在交流时给予对方的反馈，而你对孩子说话时的语气也是对他们行为的反馈。

反馈回路非常重要。在法纳姆街，我们常说与你最亲近的 5 个人对你的成就和幸福影响最大，原因之一是他们提供给你的反馈是高质量的。与你相处时间最长的人对你的行为给予的反馈也最多，因此对你做出的选择和改变产生的影响也就最大。

只要细心寻找，你就会发现反馈回路无处不在，由此明白为何人类和系统会做出特定的反应。例如，人类的许多行为都是由激励因素驱动的。我们希望所采取的行动能让自己在不同时间范围内趋利避害。我们为自己和他人制定的激励机制就是一种反馈形式，会产生强化或抑制某些行为的回路。如果在工作中，每次有人对你提出建设性的批评意见，你都会把负面情绪显露在脸上，那你就是在鼓励同事只表扬不批评，从而错失改进提高的机会。

使用这一思维模型的挑战在于无处不在的反馈回路可能会让人不知所措。如何知道哪些反馈值得关注？哪些反馈又需要我们做出相应的调整以改善结果？

我们会不断就自己的感受、偏好和价值观提供反馈。他人也在传递反馈信息，但我们不一定能接收到，也未必能正确解读。关键是要学会筛选反馈。并非所有反馈都有价值。越快学会识别有效反馈并接受和吸收，你就越能在实现目标方面取得进步。

学会以他人易于接受的方式传达反馈意见是一项宝贵的技能。

广义而言，这个模型也可以推广至外部世界。世界给了我们反馈，我们是选择倾听并吸收，还是一味寄希望于世界改变其运转方式？

反馈回路的专业定义来自系统理论——反馈回路是指系统的输出（信息）会影响其自身的行为。由于系统的复杂程度不同，有时只有一个反馈源，有时也可能有多个反馈源，甚至是多个互相关联的反馈源。虽然从简单系统中的反馈入手会更容易，本书接下来的内容正是如此，但也要明白我们都隶属于许多复杂的大型系统，其中囊括了不少互相关联的反馈回路。

反馈回路是一个重要的模型，因为无论你是否意识到，它们都是你生活的一部分。了解反馈回路如何运转有助于你更灵活地接受和吸收各种反馈，并为他人提供更好的反馈。

反馈回路有两种基本类型：平衡反馈回路（即负反馈回路）和强化反馈回路（即正反馈回路）。平衡反馈回路趋向于达到某种平衡，强化反馈回路则会放大某一特定过程。恒温器和供暖系统就属于平衡反馈回路。有关室内温度的信息会传递给恒温器，随后恒温器就会调节暖炉的燃烧情况以将温度控制在理想范围内。而强化反馈回路不会像恒温器那样适时回调，相反，它会让变化一直持续下去，就像流行趋势的更迭或者贫穷的恶性循环一样。要打破强化反馈回路，通常需要外部干预或者状态发生新的变化，否则就只能等到所有资源消耗殆尽，反馈回路才会终止。

在复杂的系统中，反馈很少是即时的。状态的变化可能需要很长时间才能对系统的运行方式产生显著的影响，这一延迟会使因果关系的确定复杂化。在生活中，对行为的反馈一旦被延迟或者不够直接，就会引发问题，而现实又往往如此。

要想改善决策制定的过程，我们所面临的一个挑战是获得针对以往的决策的准确反馈。一方面，后果可能要很长时间才能显现出来，或者很难直接归因于某个特定的决策；另一方面，当我们所做的事情得到了积极的短期反馈，却产生了消极的长期后果时，我们可能会陷入不良的行为习惯。因此，重要的是要记住即时反馈并非唯一的反馈。在吃垃圾食品时，随着身体对脂肪和糖分做出反应，你会体会到即时的快乐。但一段时间过后，你的身体会收到其他反馈，体现出垃圾食品的负面影响。长期来看，2型糖尿病和高血压等疾病就是身体针对饮食习惯提供的反馈。

获得准确反馈的速度越快，迭代改进的速度也就越快。但是系统过载，反馈的速度过快、强度过大也会造成问题，就像初学开车时，油门或刹车踩得太重一样。平衡反馈回路在不引起剧烈震荡的情况下通常更有价值。

亚当·斯密与反应的反馈回路

你可能知道亚当·斯密是有史以来最具影响力的经济学家之一,他因提出市场"看不见的手"这一概念而闻名于世,但他出版的第一本书《道德情操论》实际上是一部哲学著作。[1] 在这本书中,他描述了指引我们的另一种无形力量——他人的肯定和否定,以及无论这种态度是真实的还是存在于我们的想象之中,它会如何影响我们的行为。

人类天性自私,把自己看得比其他人更重要。为印证这一观点,亚当·斯密表示,假如一方面你听说自己的小指要被截肢,另一方面你听到了新闻播报中严重的海外伤亡事故,相比陌生人死亡的消息,很可能前者更令你感到不安。然而,尽管自私是人类的天性,大多数人在大多数时候还是会选择相互合作、善待他人。亚当·斯密认为,与他人的交流互动是我们建立良好互惠关系的原因。他认为,他人对我们行为的反应是指引我们未来如何行动的反馈。自私自利通常招致否定,无私奉献则往往收获赞许。

他人对我们行为的反应构成了一个反馈回路,而这就是文明的基石。拉斯·罗伯茨在《亚当·斯密如何改变你的生活》一书中写道:"亚当·斯密认为,文明就是我们针对周围人的行为所表现出的认同或反对态度的总和。这些态度形成了反馈回路,以此劝善戒恶。"[2]

此类反馈不仅是根据当地法律正式进行的惩罚和颁布的禁令,也涵盖了人们对社会规范的反应。如果一个朋友在街上跟你打招呼,而你却无动于衷,你当然没有违法,但对方很可能做出消极的回应。由此你便学会了遵守规范。亚当·斯密写道:

在大自然为社会创造人类之时,她赋予了人类取悦同类的天然欲望和对冒犯同类的根本厌恶。大自然教导人类在得到赞许时感到愉悦,在遭到否定时倍加痛苦。这种教导使得他人的称赞本身能让人深感荣幸,他人的否定则成了奇耻大辱,令人颜面扫地。

亚当·斯密让读者想象一个在成年前从未与他人打过交道的人。他断定这样一个人无法认清自身性格,头脑中也不会有是非曲直的概念。[3] 我们渴望被爱、被接受,这促使我们做出符合社会标准的道德行为。反过来,我们也会对他人同样的行为表示认可。

不过亚当·斯密也承认，道德准则并非一成不变，它会随着时间的推移而改变。如今看来匪夷所思的理念放在过去或许就是合乎道德的，或者至少是中性的。但后来，随着人们的反应方式日渐消极，反馈回路就会发生变化。亚当·斯密举的例子是杀婴，这在当今的大多数国家都是不可想象的，但在便捷的避孕措施出现之前，杀婴在不少国家不过是生活中习以为常的一部分。古希腊人会毫不犹豫地将体弱多病或因其他原因被嫌弃的婴儿扔在野外，任其自生自灭，以免他们成为家庭的负担。时至今日，在避孕或堕胎手段缺位的群体中，这种现象依然存在。[4] 亚当·斯密写道："我们总听人说'这是常有的事'，显然他们认为再不公正、不合理的行为，只要普遍存在，便有了充分的借口。"

[1]
Jack Russell Weinstein, Internet Encyclopedia of Philosophy, accessed August 14, 2019, https://www.iep.utm.edu/smith/.

[2]
Russell D. Roberts, *How Adam Smith Can Change Your Life: An Unexpected Guide to Human Nature and Happiness* (New York: Portfolio/Penguin, 2015).

[3]
Adam Smith, *The Theory of Moral Sentiments by Adam Smith* (London: Printed for A. Millar, A. Kincaid, and J. Bell in Edinburgh, 1761).

[4]
Sandra Newman, "The Roots of Infanticide Run Deep, and Begin with Poverty," Aeon, November 27, 2017, https://aeon.co/essays/the-roots-of-infanticide-run-deep-and-begin-with-poverty.

反馈回路是一个很有用的思维模型,因为所有系统都包含反馈回路,而我们被系统包围。

日常中的回路

我们可以通过调整反馈回路来应对日常生活中的诸多挑战。弄清如何改变(我们和他人的)行为、处理不准确的信息,以及建立信任都是我们持续面临的挑战。如何让客户选择购买你的产品而非竞品,如何梳理信息以找到与决策相关的内容,如何与他人有效开展合作……这些都是我们经常要面对的情形。

所有这些因素也会在更宏观的社会层面发挥作用。社会如何激浊扬清、彰善瘅恶?如何让人们足够彼此信任,以维持社会的正常运转?

任何系统如果存在不受控制的强化反馈回路最终都将不可持续,甚至具有破坏性。平衡反馈回路在系统中更为常见,因为它们具有可持续性。自古以来,在许多社会中法律制度一方面能预防强化反馈回路破坏社会基础设施,另一方面又能促进有利于社会发展的平衡反馈回路。个中原理也为我们在日常生活中应对类似的反馈回路问题提供了经验。

让我们从反馈回路的角度探讨一下社会体系的四个方面:

1　创造正确的未来激励机制;
2　用边际思维影响行为;

3 应对信息瀑布[1]；

4 建立信任。

创造正确的未来激励机制

我们希望尽可能避免出现"今天做出的选择在未来导致负面的强化反馈回路"的结果。因此，考虑一项决策在未来产生的激励作用至关重要。

"饮鸩止渴"的一个典型例子就是给绑匪交赎金。眼下的问题是有人被绑架，支付赎金后绑匪才会放人。如果你的家境殷实，完全有能力满足绑匪的要求，你可能会想付钱了事，能救人一命，问题也相应地得到了解决。

然而，你的反应却向绑匪释放了一个信号——你一定会满足他们的要求，这样就给了他们再次绑架的动机，也容易诱发模仿犯罪。支付赎金的举动会造成一个强大的强化反馈回路，给未来埋下更多隐患。

在许多法律体系中，法院作出的每项判决和裁定都是一条信息，通过反馈回路进入法律选项库，影响着法律体系如何应对未来的案件，以及法官在未来将怎样作出判决。在《高手：解决法律难题的 31 种思维技巧》一书中，沃德·法恩斯沃思表示，法院在作出判决时要考虑"案件结束后会对人们形成怎样的激励机制"。[2] 法院必须谨慎行事，因为一旦出现错漏，就

---

1 信息瀑布描述了一种现象：人们在决策时会参考他人的选择，当该选择比较流行或具有权威性时，人们就会忽略自己已有的或可得的信息而去追随大众的选择和判断。——译者注

2 Ward Farnsworth, *The Legal Analyst* (Chicago: University of Chicago Press, 2007).

可能助长不良的社会风气。

法院经常碰到的一类问题就是责任问题。万一我遇到了不好的事情，我能否从他人那里获得补偿？有时答案是肯定的，但也不能一概而论。再回到绑架案。假设我是政府公务员，如果我选择不支付赎金，我是否有责任赔偿受害者家属的生命损失？大多数法院的回答都是否定的。一旦被追究责任，那就会激励我在将来遇到类似情况时选择支付赎金，那就又回到了强化反馈回路之中，如此周而复始。在考虑特定的责任情况时，法恩斯沃思表示："（法院）可以展望未来，判断怎样的裁决能降低以后出现同类案情的可能性，而非关注过去，决定谁应该承受痛苦。"

在其他情况下，选择眼前利益会产生强化反馈回路，牺牲未来长远的利益。因此，在其他领域也有旨在促进平衡反馈回路的法律，如律师 – 当事人保密特权，以及版权法和专利法。虽然或许有人会认为强迫辩护律师就其当事人披露的信息做证能带来立竿见影的好处，但由此产生的反馈回路会激励不良行为。正如法恩斯沃思在谈到版权保护时所述："每当新书和音乐上市，都有大量盗版涌现。但盗版猖獗，书籍和音乐很可能会从此消失。"

环顾四周，人们总能看到自以为不公平的现象，但他们并没有意识到这种不公平也自有其意义。特定情形中的不公平造就了整体上的公平，原因如下：个体或许经常会遭受不公，事实可能的确如此，但这些针对个体的不公平可能为集体创造更大的公平。比如某个人遭到"过度"的惩罚，对他本人来说或许并不公平，但如果能成功起到震慑作用，那就未必是件坏事。

用边际思维影响行为

并非每个人都能以同样的力度和速度改变自己的行为,以应对社会或经济变化等压力。有些人需要更具说服力的理由才会改变,有些人则需要更多的时间。

优秀的客户维系策略不会把所有客户都简单地归为一类。比如,针对 6 个月的新客户和 10 年的老客户可能有不同的维系策略。再比如,策略也不会将重点放在让客户完成眼下这笔交易,而是会考虑他们在一生中可能购买的数量。以上都是边际思维的例子。法恩斯沃思认为:"边际思维最重要的一个特征是不以一种非黑即白的整体视角看待问题,而是从'增量'的角度入手,将行为视为一系列选择,即何时在某个维度上做减法,在另一个维度上做加法。"

不妨看看含糖饮料的消费情况。用边际思维影响行为意味着不把问题简单看作消费或不消费的二元对立,而是悉心钻研如何在不同领域影响人们的行为。也许你希望大众少喝饮料,也许你想让消费者转而选择更健康的无糖饮料。如果要考虑通过制定规则来减少含糖饮料的消费,那就可以对其征税,或者限制其消费或销售地点,又或者限制购买者的年龄。法恩斯沃思写到,"个体的活动存在边际……而群体也存在边际成员",法律法规的制定往往伴随着一种"希望(不管这希望现实与否)——法律会从边际降低某种做法出现的概率"。

以反馈回路为视角,我们可以将"用边际思维影响行为"理解为制定一系列激励措施以建立反馈回路。随着时间的推移，这种反馈会改变系统，最终产生预期的结果。我们可以根据行为的细微差别调整反馈，再推广至更广泛的人群，就能对系统产生重大的积极影响。

关注边际的另一个原因是边际往往是强化反馈回路的起点。涨价后最先失去的不太可能是忠于品牌20年的忠实客户，而更可能是最新获得的客户。然而，当他们离开后转向竞争对手，甚至只是单纯减少购买数量，都有可能引发一连串负面反应，最终导致销量暴跌。最好在边际设置一系列平衡反馈回路，比如鼓励客户留存的忠诚度计划，以避免此类问题出现。

刑法必须在震慑潜在犯罪方面发挥作用。例如，如果一名罪犯"因为已经犯下的罪行而被判处死刑，那他就不会再因犯谋杀罪而付出额外的代价"。因此，我们不希望小偷被判死刑，否则他们在行窃的过程中就没有理由不杀人了。法恩斯沃思解释道："刑罚的设计者必须关注如何保持边际威慑力，确保罪刑相适应，使人们对多做一点儿坏事永远抱有更深的恐惧。"其本质就是创造一个平衡反馈回路，根据所犯罪行的严重程度决定刑罚的轻重。

随着系统的规模与日俱增，其中一个问题在于行为调整的边际空间也会越来越大。"强行调整可能会引发其他不当行为。"为了平衡而调整反馈回路可能会在其他地方产生不良的强化反馈回路。比方说，如果限制在公共场所饮用含糖饮料，那是否会迫使人们转而在私人空间饮用？如此一来，由于在私人空间缺少外部监督，饮用时更加肆无忌惮，饮用量可能不降反升。在这样的家庭氛围下成长起来的孩子可能会对含糖饮料习以为常，由此孕育出新一代含糖饮料的忠实消费者。

> 基于反馈这一概念，系统可以自发产生行为的想法应运而生。[1]
> ——德内拉·梅多斯

应对信息瀑布

信息瀑布属于强化反馈回路，既可能是积极的，也可能是消极的，具体取决于它们所传达的信息内容。信息瀑布之所以会出现，是因为我们很难掌握堪称完备的信息，在很多情况下，我们会通过观察他人来决定自己该做什么。法恩斯沃思针对信息瀑布给出了一个绝佳且常见的例子：

> 街头艺人会先吸引一小群人。随着好奇心强烈的人前来围观，人群会逐渐扩大。接着，当好奇心一般的人注意到人行道上聚集了大量行人，也忍不住想一探究竟时，人群便会迅速扩大。

在《厨室机密》一书中，安东尼·伯尔顿[2]根据自己在餐饮业多年的从业经验为食客提供了很多建议，比如尝试当地美食，以及牛排不要选全熟。他还建议，在选餐厅时尽量选落座率高的，用餐的人多很可能意味着食物

---

[1] Donella H. Meadows, *Thinking in Systems* (Vermont: Chelsea Green Publishing, 2008).

[2] 安东尼·伯尔顿（Anthony Bourdain，1956—2018）。作为一位备受喜爱的明星大厨，伯尔顿鼓励他的读者和节目观众将食物视为更好地与他人、其他文化及自己的内心沟通的一种方式。他的回忆录《厨室机密》揭示了专业厨房的秘密世界，并催生出多部旅行烹饪节目。

相当不错。[1] 餐厅老板都知道此类信号的强大影响力。

餐厅老板知道，店内入座的顾客越多，就会有越多的人进店就餐。因此餐厅一般都将晚上的第一批客人安排在靠窗的位置，也不介意店外排着等位的长队。因为他们深知，越多的人表现出对餐厅感兴趣，就越能形成起正面宣传作用的强化反馈回路。法恩斯沃思表示："人们会观察别人在做的事情，并有样学样；跟风的人越多，意味着对下一波人的吸引力就越大。"此前还持观望态度的人也会因此纷纷加入，而随着队伍越来越长，原本兴趣寥寥的群众可能也会跃跃欲试。

还有其他的信息瀑布，有些如果任由其发展可能会造成破坏。许多法律体系都有相关规定，旨在中断不法活动的强化反馈回路。大多数人都自以为是守法好公民，但违法的次数其实远超想象。比如超速行驶，你上一次全程低于限速行驶是什么时候？一旦涉及超速行驶、看盗版电影、内幕交易，以及为了逃税向员工支付现金等行为，我们通常会参考周围人的行为来界定"可接受"的标准。然而，法律体系无法起诉每一个超速的人，那么它是如何中断反馈回路的呢？

法恩斯沃思写道："无知和不确定性是孕育信息瀑布的沃土。在自身不具备充足的知识储备时，人们容易依赖他人的想法，而共识的脆弱性使其很容易受到冲击。"因此，针对负面信息瀑布存在以下两种常见的法律层面的解决方案：一是通过立法要求公开披露信息；二是对社会关注度极高的

1　Anthony Bourdain, *Kitchen Confidential* (New York: Bloomsbury Publishing, 2000).

案件提起公诉，以儆效尤。

有时，提高信息的透明度和准确性可以中断信息瀑布，比如上市公司的财务信息披露。此外，对公众关注度高的案件提起公诉不仅能起威慑作用，相关宣传内容往往也能向公众普及法律知识。美国黑帮成员阿尔·卡彭因逃税被起诉一案，可能对帮助公众了解自己的基本纳税责任起了很大的教育作用。

归根结底，法院采取的此类行动"意在发出信号，比人们通过互相观察得到的信号更为强烈"。正是这些信号中断了信息瀑布的强化反馈回路。

建立信任

复杂的社会需要成员之间有相当程度的信任才能运转。一个例子是我们每次开车上路时对道路上其他司机的信任——我们相信他们在遇到红灯时会停在自己的车道上。我们会对偶尔的错误保持警觉，但总体而言，我们默认其他司机也会遵守同样的交通规则，并在他们违反规则时迅速察觉。信任无处不在。我们信任孩子所在学校的教职工，也信任食品和安全系统的工作人员。对于这些缺乏直接互动的关系，我们所经历的流程，以及对这些流程的监管和执法极大地促进了这种信任。法恩斯沃思认为："在情况过于复杂或分散而无法产生信任时，法律往往就成了信任的替代品。"

"囚徒困境"是一个被广泛使用和引用的思想实验，探讨了如何在社会交往中建立信任。为了更好地理解与信任有关的反馈回路，不妨先了解一下囚徒困境博弈及其中的一种策略——以牙还牙。

这个思想实验内容如下：两名被指控共谋犯罪的嫌疑人被关在不同的牢房里，无法沟通。警方虽然缺乏足够的证据给两人定罪，但仍有较大的把握，希望确保两名嫌疑人都在监狱里待上一段时间，于是，他们向二人提出了一项交易，即他们可以按照以下条件揭发对方的罪行：

1 若互相揭发，则各判两年；
2 若一人揭发，而另一人沉默，则揭发者立即获释，沉默者入狱五年；
3 若同守沉默，则各判一年。

在博弈论中，利他行为（保持沉默）被称为"合作"，揭发对方则被称为"背叛"。

这两名嫌疑人应该如何选择？如果他们能够沟通并且彼此信任，那么理性的选择就是保持沉默，各判一年是对二者来说最好的结果。但他们要如何知道对方不会揭发自己呢？毕竟，人们的行事往往是出于自身利益。保持沉默的代价太高了。

博弈实现的均衡结果就是双方都选择揭发对方，最终两人均获刑两年。在囚徒困境中，你的最优选择永远是背叛，即不信任对方。最终的结果一般不会太好，但至少可以避免最糟糕的情况。

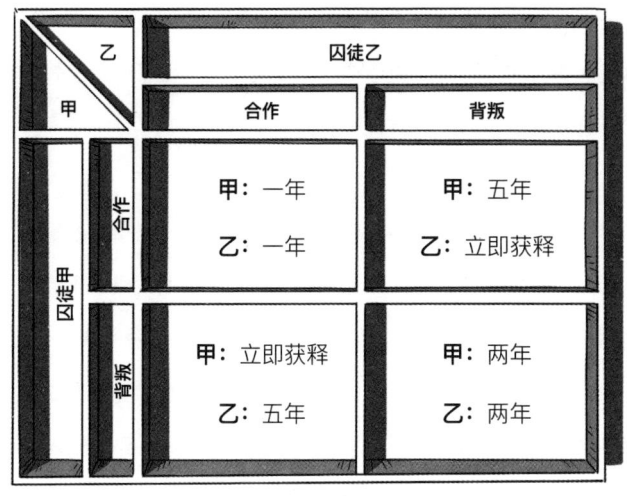

在各种囚徒困境的真实实验中,参与者会使用不同的策略争相赢得最高的分数。研究结果表明,谋求各自利益的行为主体经过反复互动后终将寻求合作。

不过可以想见,在重复博弈中背叛并不总是最好的选择。如果你需要反复面对同样的情形,想方设法建立信任总归是值得的。

反馈回路作为一个关键的机制可以为我们提供信息,帮助我们以此做出基于信任的决策。你可以利用此前与某人的交往经验纠正自己的行为。

信息回路是以牙还牙(囚徒困境的经典策略)的基础。罗伯特·阿克塞尔罗德[1]的实验表明,在重复囚徒困境博弈中最佳的解决方案是在首轮选择

---

1 罗伯特·阿克塞尔罗德(Robert Axelrod, 1943—)。阿克塞尔罗德自1974年以来一直在密歇根大学担任教授,研究政治学与公共政策。他对合作的演变历程展开了深入的研究,对政策制定者,特别是在应对国际冲突方面产生了深远的影响。

合作，在之后的轮次模仿对手在上一轮的策略。也就是说，玩家的最佳方案是以选择信任对方开局，更更重要的是，玩家创造出了一个反馈回路，表明自己愿意且有能力信任对方。

法律中存在几种有助于鼓励基本信任的机制。首先，法律体系通常会强制执行合同。我如果知道违反协议会受到惩罚，那么很大概率不会在第一次合作时就选择背叛。即便我们今后再也不会合作，背叛的成本依旧很高。除了在一次性合作中保护个体，执行合同还有助于建立反馈回路，以此促进和激励相互信任。法恩斯沃思表示："契约让每个人都能轻易战胜囚徒困境，并享受合作带来的裨益。"重点是我们可以相信系统的反馈回路会执行微互动，以便我们彼此之间建立信任。可以想见，在几次互动之后，合作带来的收益会促成一个反馈回路，鼓励人们在类似的情形中优先考虑合作。

在无法签订契约的情况下，法律也可以对不配合的行为施加规定和相关惩罚。纳税就是一种与同胞签订的"契约"，大多数国家都对偷税漏税行为的惩罚有着明确的法律规定。在共同或公共财产的使用管理方面也有相关规定，激励人们为共同利益携手合作。

捕鱼配额的设置初衷就是如此。为防止渔民从自身利益出发，耗尽渔业资源，导致其枯竭到超出可持续发展的水平，法律规定了每个人的捕捞上限。实行配额就是一种强制合作以维护共同利益的手段。

不难想象，在许多情况下，无人合作很快就会成为一个产生负面结果的强化反馈回路。合作越少，未来合作的动力就越小。为了从源头上制止这一反馈回路，可以通过法律规定来阻止最初的背叛行为。

结论

反馈回路是许多系统共同的组成部分，承载着系统会予以积极响应的信息。复杂的系统往往包含许多反馈回路，因此很难厘清调整系统中某一部分的反馈会对其他部分造成怎样的影响。将反馈回路作为一种思维模型，首先要关注你每天给予和收到的反馈。该模型还能让你深入了解迭代的价值，它能帮助你根据反馈进行调整。通过这一模型，你可以根据反馈明确系统调整的方向，以及需要以怎样的速度来监测调整带来的影响。

康定斯基的迭代

人在不断尝试中成长。我们对任何事情的首次尝试很少是令人满意的，但我们能从试错的经历中获得反馈。只要足够重视，这些反馈就能帮助我们在下一次尝试中取得进步。经过反复尝试，通过关注和吸收反馈，能力最终会得到提高。在讲述成功故事时，我们常常会忽略学习的过程，包括不可避免的失败和失望。特别是在艺术创作方面，我们通常只能看到一幅画或一首乐曲作为成品时的模样，却看不到之前所有的试错过程。

在《创造》一书中，凯文·阿什顿讲述了瓦西里·康定斯基如何创作出代表作《带白边的画》的故事。这幅作品并不是灵感闪现、一气呵成的产物，而是康定斯基在长达数月的过程中，根据细微改动的反馈不断打磨，最终创作完成的。

康定斯基首先创作了第一版草图。接着，根据不断观察作品得到的反馈，他继续进行修改、迭代。正如阿什顿所述："修改出的第二版草图几乎毫无变化，略有不同的只是线条更分散，落笔痕迹不再那么明显……随后他又画了更多版本，一共 20 张草图，每张都与上一版本相差不过一两步。整个过程历时 5 个月。"[1] 最后的成品是这幅作品的第 21 版。

阿什顿形容康定斯基是试图在绘画中解决某些问题（这也可以理解为艺术目标）。康定斯基的每一次迭代都会向他提供反馈，让他知道自己是否距离解决问题更近了一步。最终，他从多次迭代的反馈中获得了足够的信息，创作出了自己想要的画作。

[1] Kevin Ashton, *How to Fly a Horse* (New York: Anchor Books, 2015).

系统

02 均衡

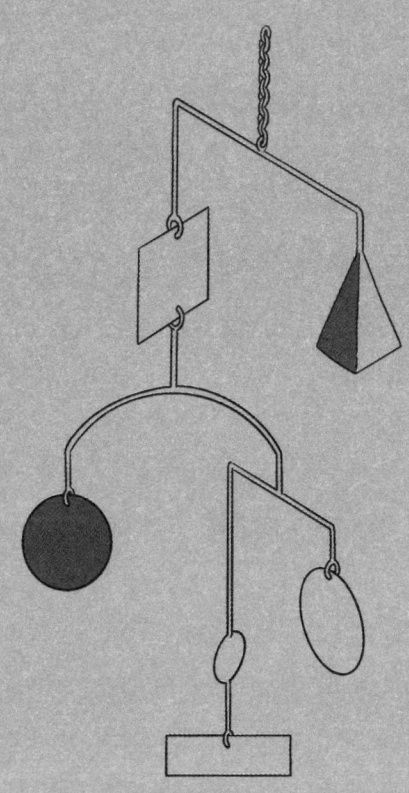

系统

——
动态平衡。

通常，系统一旦偏离均衡状态太远就会分崩离析。当我们只考虑系统的运转时，均衡是一件好事。以这一模型为视角有助于我们理解在哪些方面可以进行干预以促进均衡，但它同时也提醒着我们，在复杂的系统中，对均衡所需的条件进行预测实属困难重重。

"均衡"是指系统处于一个稳定的状态，作用在系统内部和外部的所有力达到了平衡。当我们使用"均衡"一词时，通常指的是系统内部构成稳定、不再发生变化的状态，即静态均衡。但对于现实世界中的大多数系统，更常见的其实是动态均衡，即事物在特定范围内发生波动。这是借由平衡反馈回路实现的。如果某个变量高于或低于理想范围，反馈回路就会启动，使其恢复正常水平。

为了理解均衡这一概念，不妨想象一个家庭。整个家庭构成了一个系统，为了将所有家庭成员的利益最大化，需要将家庭运转中的诸多变量（值）控制在理想范围内，一旦超出这个范围，家庭就要做出调整以恢复平衡。如果无法使变量（值）回归理想范围，家庭可能就需要转向一个新的均衡状态。例如，为了满足生活开支，家庭每个月都需要一定的现金流入，还要适当储蓄以备不时之需。一旦决定让一个孩子去上钢琴课，因为这笔新增的开销，他们可能就要减少外出就餐的次数以维持均衡状态。家庭的清洁程度也需要保持在一定范围内以确保成员健康快乐。当他们决定养狗时，维持均衡状态就意味着要花更多时间打扫卫生，以弥补宠物不可避免会造成的脏乱。如果一名成员外出一周，其他成员就可以适当减少清洁量。回想一下自己的家庭，哪怕只有你一个人，你也可以想到无数为了维持理想状态需要不断调整的变量。

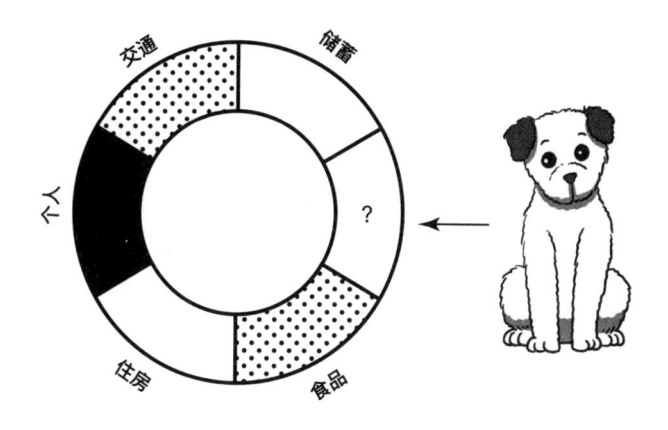

每个人的时间和金钱都是有限的，增加新的承诺就意味着要调整我们当下的均衡状态。

内稳态是生物体不断调整以使自身尽可能接近理想状态的过程。外部条件的变化会导致内部条件相应改变，这可能会使系统偏离其良好运行所需的条件。

沃尔特·坎农[1]医生在其出版于1932年的标志性著作《躯体的智慧》中首次提出了"内稳态"一词。坎农惊叹于人体将诸多变量（包括血糖、体温和钠浓度）控制在狭窄范围内的能力。虽然彼时系统理论这一研究领域尚未出现，但当时的坎农就已经抱有以下观点，即人体是一个整体系统，需要保持稳定的内部状态以应对不断变化的外部环境。[2]

1　沃尔特·坎农（Walter Cannon, 1871—1945），生理学领域的标杆人物，"战斗或逃跑"和"内稳态"两个术语的提出者。他担任哈佛医学院生理学系主任长达36年。在第一次世界大战期间，坎农开展了实地考察工作，通过研究休克的影响探究更好的伤口紧急处理办法。

2　Kevin Rodolfo, "What Is Homeostasis?" *Scientific American*, January 3, 2000, https://www.scientificamerican.com/article/what-is-homeostasis/.

很重要的一点是，系统中可能存在多个均衡状态。某个系统正处于均衡状态，并不意味着它的功能运转已经达到最佳，而仅仅意味着事物是稳定的。有时系统达到均衡状态的方式非常低效。如果某一周你感觉身体不适，很难集中精力，你可能每天都要加班数小时才能完成日常工作任务。你虽然成功保持了均衡，但要是适当减轻自己这一周的工作量，总体效果可能反倒更好。短期偏离均衡往往是长期维持均衡的前提。与兄弟姐妹的矛盾需要花费精力才能解决，这可能会使你与他们的关系在几周内偏离均衡状态，但从长远来看，化解矛盾会让你们的关系更加稳定。

信息何时能发挥作用

观察生物系统便不难发现，维持内稳态或动态均衡需要信息。就人体来说，从皮肤对外部温度的感知，到血液中的钾含量，各种成分无时无刻不在传递大量信息。离开准确的信息，人体就无法正常运转。以这一模型为视角，我们可以理解哪些情形下的均衡可能得益于信息的传递。不少医疗系统中的现代医患沟通方式就是这样一个例子。

就权力和知识而言，医患关系是普遍失衡的。医生对医学和医疗系统更为了解，这使得患者在就医时处于被动地位，既没有足够的知识，也没有机会决定自己的治疗方案。而在一些地方，这种关系已经悄然改变，患者可以更积极地参与诊疗过程。医疗系统也越来越深刻地认识到，当患者更积极地参与与治疗相关的决策时，他们的就医体验（有时甚至是健康结果）会得到改善。为提高患者参与度，一些医疗系统已经开始向患者提供更丰富的信息，帮助他们了解自己的病情和各种治疗方案（包括相关的风险）。

从另一个角度看待内稳态

安东尼奥·达马西奥在《万物的古怪秩序》一书中探讨了内稳态在进化中的作用。他认为，内稳态"能确保生命在一定范围内得到调节，这一范围不仅与生物的生存相适应，而且有利于物种的蓬勃发展，是生命的一种投射"。他进一步解释道："内稳态指的是一个过程，经此过程，物质涌向无序的趋势得到遏制，从而达到一个新的、最有效的稳定状态。"[1]

组织、社区、国家等系统都必须对环境变化做出反应并进行相应的调整，使其更接近理想状态。我们在经历外部挑战时，无论是战争、竞争还是极端天气，内稳态都会发挥作用，帮助我们回归周围系统运行的最佳状态。至于何为"最佳"，有时只是一种感觉，而非一系列精准的、可定义的条件。与生物系统不同，人类可以灵活改变自己希望达成的状态，比如当我们意识到其他事物其实更好的时候。

达马西奥认为感觉是理解内稳态的生物学作用的关键。我们的感觉是一个反馈回路，会向身体系统提供有关自身状态的信息。做出改变、回归正轨的前提是能够及时监控自己的调整和反应。实现这一点的手段就是对感觉的价值判断。例如，在灾难发生后，内稳态并不需要（通常也不会）将系统恢复到此前的状态，而只需要回归到在新条件下"感觉良好"的状态。

这就是内稳态的潜力所在。系统如何定义自己"感觉良好"将对它们适应压力和变化的能力产生巨大的影响。在生物系统中，感觉是问题评估的关键一环。血糖下降时你会感到不适，由此引发你做出让自己恢复良好感觉的行为。但"良好"是一个区间，达马西奥的观点是内稳态通常会让我们保持在这个区间的下限附近，使我们得以继续发展。随着变量偏低或偏高及外部条件发生变化，系统永远不会停止调整。内稳态从来不是静止的状态。

---

[1] Antonio Damasio, *The Strange Order of Things* (New York: Vintage Books, 2018).

让患者更多地参与其中的部分原因是人们认识到医学诊断和治疗鲜少是非黑即白的。在一篇题为"容忍不确定性"的论文中,作者写道:"医生仅能依靠并不全面完整的信息做出决定,这就导致了诊断的不确定性。此外,患者对治疗的反应不可预测,而医疗结果也远非二元对立,因此进一步加剧了诊疗的不确定性。"[1] 由医生单方面为患者做出治疗决定毫不科学,因为任何治疗都会产生后果,而承担后果的主要是患者。让患者参与治疗方案的讨论也有助于最大限度地减少盲点和偏见。向患者解释各种方案意味着医生至少要承认这些方案的存在,通过与患者沟通确认的治疗方案也更具有针对性。

在医患关系中,增加有关治疗方案信息的方法之一是通过一个名为"共同决策"的流程。共同决策不会把做决策的责任推给某一方,而是为医生和患者共同做出可接受的决定提供必要的资源。在发表于 1997 年的一篇论文中,作者表示:"针对影响患者福祉的治疗决定,共同决策这一机制能通过增加患者获得的信息、自主意识和 / 或控制权,缓解医患之间信息和权力不对称的问题。"[2]

患者为了做出慎重的治疗方案的选择,需要了解各种方案的利弊,他们可能还需要亲人的支持、多次听取和评估信息的机会、提出疑问的能力,以及消化信息的时间。动态均衡的一个定义是"系统的组成部分处于变化状

---

[1] Arabella L. Simpkin and Richard M. Schwartzstein, "Tolerating Uncertainty: The Next Medical Revolution?", *New England Journal of Medicine* 375, no. 18 (2016): 1713–15.

[2] Cathy Charles, Amiram Gafni, and Tim Whelan, "Shared Decision-Making in the Medical Encounter: What Does It Mean?", *Social Science & Medicine* 44, no. 5 (1997): 681–92.

态,但至少有一个变量保持在特定范围内"[1]。医疗领域就是这样一个系统,因为许多元素都处于变化中,尤其是健康问题本身的确切参数。通常,在较为复杂的情况下也会有许多医生和专家参与其中。此外,患者的需求和愿望也并不总是一成不变的。共同决策试图将信息这一变量控制在一定范围内,使医生和患者都尽可能全面地掌握情况。

在医疗领域,为使医患双方的信息更趋近均衡状态,必须识别出可能影响信息流动的因素。仅分享原始信息是远远不够的,医生和患者间还必须建立信任,从而使得双方能够接受和处理信息。2014年开展的一项有关孩子被送入新生儿重症监护室的家长经历的分析显示:"当家属表达对重症监护室的不满时,往往不是因为他们认为自己的宝宝没有得到良好的护理,而是因为自己的需求没有被理会或满足。"[2]记住婴儿的名字、承认父母的照护角色等行为有助于创造良好的沟通环境,使各方得以聆听并理解做出良好决策所需的信息。

医疗领域的情况往往错综复杂,可能涉及很多人,存在诸多不确定因素。此外,医疗情境几乎总会涉及非常强烈的情感。在这种情况下,让信息尽可能接近均衡状态,有助于确保在不断变化的环境中维持良好的运转。

---

[1] David S. Walonick, "General Systems Theory," accessed October 2020, https://www.statpac.org/walonick/systemstheory.htm.

[2] Annie Janvier, and John Lantos, "Ethics and Etiquette in Neonatal Intensive Care," *JAMA Pediatrics* 168, no.9 (2014).

利用假设

要是太过依赖某一特定的均衡状态才能表现良好,你就很容易被不断变化的环境打倒。反之,在不同的条件下都能正常发挥会让你变得更加全面、灵活。拥有自己的内稳态调节机制同样重要,在你受到干扰后,它能帮你恢复到你希望达到的理想状态。在竞争环境中,那些被意外情况打破均衡状态而又没有调节机制的人往往会陷入困境。有时,你可以通过思考对手的预期或他们认为理所当然的事情来实现自我超越,也可以通过重新思考自己所在领域的均衡状态来取得更大的成就。

以纸牌魔术为例。观众在观看魔术表演时会有自己的假设和预期,专业魔术师观看同行演出时也是如此。他们的均衡状态由一系列假设组成,这些假设帮助他们通过观察或者从结果倒推找到魔术的秘诀。专业魔术包含各种惯例和假设。一个不言而喻的假设是,魔术师在表演某个特定魔术时,每次都会使用同样的方法、同样的技巧。要给魔术揭秘,就必须识别出这种技巧。

美国魔术师拉尔夫·赫尔通过颠覆纸牌魔术的均衡原理,发明了一种无人能解的纸牌魔术,即便是最聪明的魔术专家也百思不得其解。他称之为"听声辨牌"。[1] 赫尔会给观众看一副纸牌,声称自己可以通过探测微小的振动来感知任何一张牌的位置。接着,他会让一名观众从中选一张牌,看一眼再放回去。然后,赫尔会将纸牌移来移去,再多次洗牌,最后抽出曾被观众选中的那张牌。他解释说,自己是通过这张牌独特的振动实现了定位。[2]

专业魔术师反复观摩他的表演,却始终没能成功破解。直到生命的最后一刻,赫尔才道出了其中的奥秘:"听声辨牌"并非只用一个技巧就能完成。赫尔会混合使用不同的技巧,并根据观众是否识破来决定如何在不同技巧之间转换。如果有专业魔术师在旁边观摩,他可能会连续使用几种不同的方法,直到让观众彻底失去线索。真正的诀窍在于赫尔改变了均衡假设,即同一个魔术每次都会以同样的方式表演。

[1] Daniel C. Dennett, *Intuition Pumps and Other Tools for Thinking* (New York: W. W. Norton, 2014).

[2] John Northern, Hilliard, Carl Waring Jones, Jean Hugard, and Harlan Tarbell, *Greater Magic: A Practical Treatise on Modern Magic* (Silver Spring: Kaufman and Greenburg, 1994).

均衡的复杂性

从 20 世纪 60 年代起,科学家开始提出以下这类疑问:人类如何在太空中长期生存下去,甚至在其他星球上建立永久定居点?在宇宙飞船或火星上的地下掩体等密闭环境中,维持生命需要什么?我们怎样才能在一个密闭环境中创造一个生态系统,并使其达到维持人类生存所需的均衡状态?

在提出这些问题的过程中,科学家们认识到地球本身就是一个封闭系统。无数复杂的过程共同作用,使人类得以生存至今。以将微生物样本永久密封在烧瓶中(其中一些至今仍然存活)的实验为起点,研究人员踏上了试图证明封闭系统能以某些方式自我维系的道路。这些小规模实验是俄罗斯和美国太空计划的重要组成部分。但"生物圈 2 号"(地球是生物圈 1 号)这个项目无论在规模、勇气还是野心上都是空前绝后的。

生物圈 2 号位于美国亚利桑那州图森市附近的沙漠中,占地 180 000 平方米。其地面结构由近 204 000 立方米的玻璃制成,由钢架支撑,最大高度为 27.7 米。[2] 该建筑部分呈矩形,部分呈金字塔形,部分呈圆顶状。生物圈 2 号的内部包含以下五个模拟外部主要环境的独立生态系统:

1 沿海雾漠
2 热带雨林

---

[1] William F. Dempster, "Biosphere 2 Engineering Design," *Ecological Engineering* 13 (1999): 31–42, https://ecotechnics.edu/wpcontent/uploads/backup/2011/08/Ecol-Eng-1999-Bio-2-Engineering-Design-Dempster.pdf.

[2] "Biosphere 2," Britannica.com, accessed November 5, 2020, https://www.britannica.com/topic/Biosphere-2.

3 热带稀树草原

4 红树林湿地

5 海洋

生物圈 2 号还包括农业区及用于容纳维持整个系统运作所需设备的地下区。该项目是约翰·艾伦和爱德华·巴斯的创意。艾伦是一名冶金学家，哈佛大学工商管理硕士（MBA）。在 20 世纪 60 年代一次迷幻剂之旅后，艾伦在新墨西哥州圣达菲创建了一家名为"协同农场"的公社。[1] 相较当时其他类似的项目，"协同农场"取得了成功，引起了爱德华·巴斯的注意。巴斯年纪轻轻就继承了价值亿万的石油财富，于是二人携手发起了几个颇具野心的项目，并于 1984 年决定着手探索建立一个可供人类居住的火星殖民地。在巴斯的财富和艾伦的雄心壮志的加持下，他们组建了一个专家团队，开启了"生物圈 2 号"的宏伟征程。

1991 年，"生物圈人"——一支由 8 人组成的团队在经过多年筹备后，被封闭在生物圈 2 号内长达两年。他们的目标是维持一个自给自足、与外界隔绝（甚至连空气都无法与外界流通）的生态系统。团队要自力更生，种植庄稼、饲养动物，努力维持生存所需的一切条件。等到实验结束，团队成员已经苦不堪言。氧气含量急剧下降，最后只能依靠人为注入氧气维持生存。尽管实验中的生活方式让他们相比从前更加健康，在实验期间也没有出现重大健康问题，但在从事大量体力劳动的同时，他们摄入的能量很难满足身体所需。团队成员内部及其与实验控制者之间也常常出现矛盾。

---

1 Jordan Fisher Smith, "Life Under the Bubble," *Discover*, December 19, 2010, https://www.discovermagazine.com/environment/life-under-the-bubble.

生物圈2号在当代媒体的许多报道中和在大众文化中的形象都是一个充斥着欺诈和诡计的失败实验。但这其实是对项目目的和科学本质的严重误解，实验并不是为了"成功"，而是旨在提供有关现实世界的信息数据，以便我们将其作为未来实验的基础。生物圈2号的工作人员从一开始就没指望过一切能顺风顺水、完美无缺，他们明白对于一个系统（此处指的就是穹顶内由植物、动物、人类以及空气、水等组成的生物圈）而言，达到均衡的前提是诸多变量都要恰到好处。只有通过实验，他们才能明确变量具体有哪些。他们无法预知一切，如果他们真的认为自己清楚地知道生态系统良好运转所需的一切要素，那就太不可一世了。

作为一次探索之旅，生物圈2号表现不俗，它表明在密闭环境中维持生命极其复杂，因为生态系统本质上是错综复杂的适应性系统。在自然条件下，生态系统中存在无数的反馈回路以维持一种均衡。而人造生态系统就需要人类来维护这些反馈回路，一种方式是及早预防不利因素的出现，另一种则是通过学习感知何时、何事出了问题，以便创造一个新的反馈回路。

在常规状态下系统很容易达到均衡，可一旦我们试图控制系统或扰乱其状态，那就需要付出很大的努力才能使其再度实现理想的平衡。尽管该项目并不成熟，但"生物圈人"依然取得了非凡的成就。食物几乎完全自给自足，能获得足够的清洁水资源，还使数百种动植物一并存活下来。只要曾经尝试过在家种植蔬菜，甚至只是养过盆栽的人应该都能体会到这个实验的巨大规模。可以说，那些认为该项目荒唐、失败的人完全没有考虑到让这样一个系统达到均衡的复杂程度。光是维持"生物圈人"所达到的平衡水平，就已然是一项值得称赞的不朽壮举。

不仅如此，生物圈 2 号还时刻提醒着我们人类活动对生态系统造成的重大影响。它凸显了再微小的错误干预都可能产生灾难性的连锁反应，以及在任何时候干预自然都会造成巨大的破坏。进入生物圈 2 号中的一切都需要仔细检查，以防止其既无法保持自身的均衡，又破坏生态系统的整体平衡。帮助开发生物圈 2 号的琳达·雷也是 8 人团队的成员之一，据她所述，生物圈 2 号中的动物物种经过了慎重的筛选。[1] 选择每种动物时都要评估它与其他动物的相互关系。比如，他们在咨询了一位蝙蝠专家后选择了一种可以为一些植物授粉的蝙蝠。然而，在考虑纳入该物种所引发的连锁反应时，他们才发现后果不容小觑：

> 其中一种蝙蝠每晚要吃 20 只两厘米长的夜蛾，而它每晚至少要遇到 100 多只夜蛾才能抓到其中的 20 只。这些夜蛾从哪里来？它们的幼虫吃什么？我们能为夜蛾的卵提供足够且合适的栖息地吗？此外，计划安装的空气处理器也会把夜蛾统统吸进去，使其丧生。工程师建议在风扇的开口处安装一面细纱网以保证夜蛾不被吸走。但如此一来，空气流通所需的电量就会增加，项目预算将超标。

还有一次，一位专家试图找到一种可以在生物圈 2 号内生活的蜂鸟。他们要对每个可能的选项提出许多问题，而这些问题可能是普通观察者根本想不到的。这种蜂鸟的喙是什么形状？其大小是否适合为足够多的植物授

---

[1] Lisa Ruth Rand, Peder Anker, Dana Fritz, Linda Leigh, and Shawn Rosenheim, "Biosphere 2: Why an Eccentric Ecological Experiment Still Matters 25 Years Later," *Edge Effects*, updated February 12, 2020, https://edgeeffects.net/biosphere-2/.

粉？它的求偶方式如何？在求偶过程中是否存在撞到玻璃的危险？要考虑的问题简直数不胜数。

即便是看似最无关紧要的事情，也有可能危及生态系统中万物的生命。正如肖恩·罗森海姆所述："打造一个自给自足的世界，其部分意义就在于让现实世界中无比丰富的相互联系变得更加生动和具象化。"按照原始计划，为期两年的封闭实验只是共计 50 次的系列实验的开头，旨在通过反复尝试逐步实现改进。作为开端，第一次封闭实验效果远超预期。例如，其中 30% 的物种"灭绝"了，但研究人员起初的预测高达 70%。

在撰写本书时，生物圈 2 号依然存在，于 2011 年被捐赠给了亚利桑那大学[1]。从外观上看，生物圈 2 号已经面目全非。由于缺乏资金聘请全职工作人员进行清洁，玻璃已经变得污浊不堪，钢架也早已锈迹斑斑。但在内部，生物圈 2 号依然洋溢着勃勃生机，不少微观生态系统仍在蓬勃发展，找到了同在外部世界运行一样所需的均衡。研究人员仍然将其作为一个独特的场所，开展在其他地方难以完成的对照实验。

结论

系统很少是静态的，会不断调整直到达到均衡状态，但很少有系统能长时间保持这一状态。在日常生活中，我们常表现得仿佛自己可以达到某种均

---

[1] 实验结束几十年后，许多最初的"生物圈人"选择继续在新墨西哥州共同生活。虽然这段经历造成了短暂的不和，但也塑造了强大的情感纽带。有一对夫妇甚至主动要求住进项目旧址。

衡：一旦脱单，我们就会快乐；一旦搬家，我们就能提高效率；一旦某个事件发生，我们就会处于某种状态。但事物时时刻刻都在发生变化。我们不会在达到某种稳定状态后便从此一劳永逸。永无止境的调整才是生活的常态。

系统

03 瓶颈

———
限制因素。

所有系统都有比其他系统更慢的部分。系统中最慢的部分被称为"瓶颈",因为正如瓶子的颈部限制了流进瓶子的液体量,系统中的瓶颈也会限制系统的产出量。瓶颈这一模型有助于深入理解限制因素是如何伤害或帮助我们的。

没人愿意成为瓶颈,即我们常说的"拖后腿的人"。学不会放手的人往往都有这种问题。如果你凡事都要亲力亲为,每个决定都必须由你拍板,那很可能会有很多人无所事事地排着长队等你推进项目。

瓶颈往往会造成浪费,因为挡住了后面堆积的资源。在制造业,瓶颈会限制生产和销售的数量。如果你从事的行业高度依赖及时的信息传递,那么瓶颈的存在就意味着信息在被接收前可能就已失效。

瓶颈也是压力最大的地方。它是最有可能发生故障,或者一旦出现故障产生影响最大的部分。在尝试改善系统流程时,关注瓶颈以外的任何问题都纯属浪费时间,因为这样只会在瓶颈处制造更多压力,而累积的问题越多,就越会强化瓶颈的阻碍作用。

每个系统都有瓶颈。瓶颈无法根除,因为一旦消除某个瓶颈,必然会有系统的另一部分成为新的限制因素。但你可以预测瓶颈的出现并制订应对计划。你也可以利用克服瓶颈的需要,以此作为动力,寻找确保系统正常运行的全新方法。有时你可以通过增加投入来克服瓶颈,例如投入更多的资源来缓解瓶颈处的压力,但有时唯一的解决办法就是重新规划这一部分。

你要避免的是疏通了一个瓶颈,却为以后的自己制造了更多、更糟的瓶颈。如果瓶颈无可避免，我们希望它尽量出现在破坏性较小的地方。

尽管瓶颈和限制在某些语境中可以互换使用，但瓶颈其实不同于限制。瓶颈是可以缓解的，限制则是系统根本的局限性。一台不断出故障的机器是一个瓶颈，而一天只有 24 小时则是一种限制。

你也要提防伪装成瓶颈的借口。我们常常听到这样的解释："在某个条件出现前我不会做某事。"大多数时候，说话者本人就是瓶颈，而这类说法不过是为了给自己的拖延找个心安理得的借口。比如，你可能会说，一旦搬了家，有了专门的办公桌，你就会开始每天写作。如果瓶颈是缺乏合适的工作空间，那么搬家确实可以解决问题，但如果瓶颈是其他问题，比如没有时间或者没有灵感，那你预设的条件关系就是错的，搬完家后瓶颈依然存在。即使问题真的出在工作空间上，你也可以想办法克服，比如去图书馆或咖啡店写作。你所做的一切努力都能帮你养成坚持每天写作的习惯。

如果你认为自己找到了瓶颈所在，最好尽己所能验证一下。否则你可能只是解决了一个错误的问题，白白浪费力气。

西伯利亚大铁路

应对瓶颈的方式会对系统的整体质量产生显著影响。通常，我们倾向于不计一切代价消除瓶颈。但由于每个系统中都必然存在瓶颈，预测处理瓶颈会造成的后果就显得尤为重要。有些瓶颈的存在从某种程度上讲反而对系统有益，因为有助于组织系统中的其他部分。

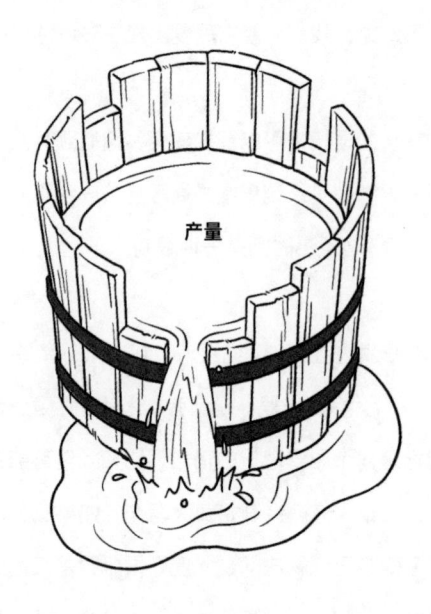

利比希最低量法则指的是植物的生长状态总是取决于那些处于最小量状态的必需营养成分。因此，产量会受到资源上限的制约。

西伯利亚大铁路的建设是一个复杂的工程，其中许多组成部分需要借用未来的资源来解决眼下的瓶颈。其建设过程既鼓舞人心又发人深省，因为有时以权宜之计应对瓶颈可能会在日后造成重大问题。

西伯利亚大铁路工程浩大，它不仅是世界上最长的铁路，而且在建设过程中面临的挑战在当时也堪称史无前例。这条铁路横跨俄罗斯，西起靠近芬兰的圣彼得堡[1]，东至朝鲜以东、太平洋沿岸的符拉迪沃斯托克（海参崴）。

1　此处存疑，据《辞海》，西伯利亚大铁路西起莫斯科，全长 9 332 千米。——编者注

正如布鲁斯·林肯在《征服大陆》一书中所述，建设西伯利亚大铁路面临着多重挑战：

> 建筑工人要在距离供应基地数千英里以外的地方工作。铁轨和桥梁用铁得从远在圣彼得堡和华沙的铸造厂运至西伯利亚；枕木必须在东欧平原砍好后运至乌拉尔山脉以东，因为东边的大草原和针叶林几乎不长硬木；桥墩和桥台的石料要从蒙古国西部边境的采石场运来。此外，随着铺轨工作深入西伯利亚，地形和气候又会成为重重阻隔。一望无际的森林、坚不可摧的峡谷、外贝加尔地区的层峦叠嶂、暗藏危险的永久冻土、短暂的冬日白昼，以及西伯利亚的刺骨严寒……所有这些都是前人从未遇到过的巨大挑战。[1]

鉴于这项工程浩大的规模（总长度9 458千米，是当时已建成的美国横贯大陆铁路的两三倍长），消除瓶颈会产生深远影响也就不足为奇了。

瓶颈的一个重要特征是它们会在系统中移动。消除一个瓶颈很可能会在无意中导致另一个瓶颈。在《芯片》一书中，里德通过一个例子说明了瓶颈的转移会威胁整个系统。一家纺织厂远远落后于正常的生产速度。为了找出问题所在，工厂经理跟踪了生产车间的生产流程。他发现，由于采购的廉价纺线总是崩断，员工得不断停下来给缝纫机重新穿线。为了在每个线轴上省下15美分的成本，每小时的产量损失了150美元。[2]

1 　Bruce W. Lincoln, *The Conquest of a Continent* (New York: Random House, 1994).

2 　T. R. Reid, *The Chip* (New York: Random House, 2001).

西伯利亚大铁路是一项复杂的工程，因此试图缓解瓶颈很容易造成意想不到的后果。项目遇到的问题数不胜数：本地供应持续短缺；由于季节性天气，施工进度受到限制；有关铁路的所有决定都必须由位于圣彼得堡的中央委员会最终敲定，而每次沟通的周期都长达数周，沟通延误导致最终采取的都是无法协调一致的短期解决方案。

此外，全世界最深的湖泊就位于这条线路的中间。最初，主干线只建到贝加尔湖的一侧便戛然而止，货物要通过渡船运到对岸的铁路线上再继续运输。因此，货物和人员的流动方面遇到了巨大的物理瓶颈，直到主干线建成几十年后，环绕贝加尔湖南岸的铁轨才终于铺设完成。

最后，也许对实际施工影响最大的是劳动力极度短缺所造成的瓶颈，这对系统其他部分的正常运转造成了重创。

这条铁路被分为五个独立的项目同时开始修建。决定以这种方式施工的后果之一是，在劳动力方面，铁路不曾被视为一个整体，五个项目因此彼此独立，相互争夺人力资源。

施工方希望缩短总修建时间，却因此导致了劳动力瓶颈的加剧。正如克里斯蒂安·沃尔玛在《通向世界尽头：跨西伯利亚大铁路的故事》一书中所述，这种修建方式造成了对资源的争夺，再加上当地人口密度低，缺乏足够的本地建筑工人，因此只能寻求外援。[1] 为了缓解劳动力瓶颈的压力，

1　Christian Wolmar, *To the Edge of the World* (New York: Public Affairs, 2013).

项目从欧洲各地引进技术工人,在大铁路沿线工作。在铁路东段,从中国、日本和韩国引进了数千名工人。在所有路段,尤其是穿过西伯利亚战俘营区域的中间路段,修建铁路甚至使用了囚犯。

铁路修建的负责人承受着巨大的时间压力,这意味着劳动力瓶颈往往是通过向工程承包商支付巨额款项解决的。因此,雇用劳动力消耗了项目的大部分资金。正如沃尔玛所述,当地的农民承包商不受监督,也没有竞争性招标流程。承包商"在开工后频频要求加钱,他们知道没有其他供应商与之竞争,因为当务之急是尽快完工"。

为了缓解劳动力瓶颈的压力,工程被分包给了没有足够经验的人,由此引发的问题在铁轨上暴露无遗。承包商的动机是在短期内中饱私囊,劳动力短缺的问题可以用钱来解决,但资金毕竟有限,有些东西只能舍弃。承包商选择牺牲安全。"在几乎不受监督的情况下,承包商为了增加利润不惜偷工减料,工程质量远未达标,导致了路堤过窄、道砟不足、排水不畅等一系列问题。"由于劳动力成本太高(且分包商抽走的佣金过多),为了节省建筑材料,许多地方的坡度太陡、弯道太急,导致铁路危险重重。

对西伯利亚大铁路而言,解决劳动力短缺的问题最终造成了建筑材料的瓶颈,因为应付前者消耗的资金过多,没有足够的经费购买优质建材。同时,远在千里之外的中央委员会无法满足解决工艺和安全问题的要求,反应不够及时,最终导致轨道的质量受到影响。

尽管铁路修建取得了令人瞩目的成就，但由于偷工减料，以及通过穿越陡坡和急弯等不适宜的地形来缩短线路，西伯利亚大铁路从一开始就存在问题。沃尔玛表示："几乎每段线路完工后都必须立即进行整改，以确保火车能正常运行。"即便经过持续修缮，火车头依然极易磨损，货物运输非常缓慢，事故和伤亡也时有发生。

在没有质量保证的情况下，花钱只会把问题推到未来。事实上，这条铁路经历了多次重建和修缮，因为最初铺设的轨道几乎无法使用。

在规模类似的项目中，瓶颈是不可避免的。找出瓶颈并提前部署应对方案是施工过程的一部分。西伯利亚大铁路带来的教训是应对瓶颈必须慎之又慎，否则日后会给自己带来巨大的麻烦。

在遇到瓶颈时，我们往往倾向于使用权宜之计，通过小修小补加以掩盖，最终无济于事，反倒加剧问题。在西伯利亚大铁路项目上，用于解决劳动力短缺的资金反而创造了维系劳动力短缺的激励机制。在不了解系统的情况下，光靠砸钱是不太可能产生预期效果的。

与其等到瓶颈出现时才去应对，不如将时间花在从源头解决问题上，从而实现根本性的改进，让瓶颈就此消失。实现根本性改进的一种方法是模拟可能面临的情况，以便提前识别瓶颈，防患于未然。我们可以思考如何在系统设计之初就将问题扼杀在摇篮中，从而消除瓶颈，而非疲于应付问题。解决瓶颈永远在路上，必须始终将其纳入规划。

瓶颈与创新

瓶颈会激发创新。当限制因素出现时，我们往往不得不尝试创新的方法对其进行改善。许多发明都是在资源短缺促使人们寻找替代品的情况下诞生的。在战时，由于必要物资的匮乏，以创新应对瓶颈是很常见的做法。回首20世纪可以发现，现在很多常见的物品都是在冲突时期为缓解供应瓶颈而发明的。

尼龙是人类发明的第一种合成纤维，如今得到了广泛应用。从泳装、渔网到安全带和帐篷，尼龙无处不在。它轻便、结实、防水，因此用途广泛，实用性强。[1] 尼龙发明于20世纪30年代初，是丝绸的替代品，于30年代末开始大规模商业化生产。当时，美国的大部分丝绸进口自日本，但由于两国关系日益紧张，美国面临丝绸断供的风险，此时尼龙就作为本土制造的替代材料消除了这一瓶颈。

虽然尼龙是为应对短缺而发明的，但事实证明，无论是在普通产品还是新用途上，尼龙都比丝绸更具优势。尤其是在20世纪40年代初，在尼龙被转而用于军事用途批量生产之前，尼龙长袜曾风靡一时。尼龙在战时发挥了重要作用，用于生产降落伞和帐篷。尼龙的发明者杜邦公司决定不将其注册为商标，这样尼龙就成为材料名，而非品牌名了。[2] 随着后续实验和开发的进行，尼龙的用途仍在不断增加。

1　Peter J. Andrews, "The Invention of Nylon," Encyclopedia.com, accessed January 31, 2020, www.encyclopedia.com/science/encyclopedias-almanacs-transcripts-and-maps/invention-nylon.

2　Audra J. Wolfe, "Nylon: A Revolution in Textiles," *Science History Institute*, October 2, 2008, www.sciencehistory.org/distillations/nylon-a-revolution-in-textiles.

同样，在二战期间，美国也因与日本的冲突而难以获得橡胶。化学家沃尔多·西蒙[1]发明了人造橡胶，这是一种不依赖于亚洲自然资源的合成材料。[2]橡胶短缺在战时是灾难性的，因为它几乎是战斗中所有物品和设备（尤其是轮胎）不可或缺的原材料。虽然看似无关紧要，但要是没有橡胶，飞机、坦克等交通工具就无法运转。要是没有迅速发明出可供使用的合成橡胶并建立近百万吨的生产能力，说不定同盟国就会输掉战争。[3]如今大多数橡胶都是合成的。

医学在战争期间往往发展得最快。面对新需求和必需品的短缺，人们会寻找创造性的方法来应对伤口和疾病。在美国南北战争期间，数十种新型假肢被发明出来，外科医生的包扎技术也更加娴熟。感染的死亡率从战争之初的60%降到了末期的3%。[4]二战期间，青霉素的产能也突飞猛进。

在一战期间，由于食物定量配给，许多人营养不良。营养成为瓶颈。食物匮乏对儿童的影响尤为严重，许多儿童患上了佝偻病（缺乏维生素D导致的骨骼钙化不良）。不少士兵遭受了严重骨折。在柏林工作的医生库尔

---

1 沃尔多·西蒙（Waldo Semon，1898—1999）。作为古德里奇公司的化学家，西蒙有时被认为是同盟国赢得二战的关键。他发明了5 000多种合成橡胶化合物，其中最著名的是人造橡胶和乙烯基。他拥有116项美国专利。

2 Jon Marmor, "Waldo Semon: He Helped Save the World," *Columns, the University of Washington Alumni Magazine*, September 1999, www.washington.edu/alumni/columns/sept99/semon.html.

3 "US Synthetic Rubber Program: National Historic Chemical Landmark," American Chemical Society, ACS Office of Communications, 1998.

4 Edward Tenner, *Why Things Bite Back: Technology and the Revenge of Unintended Consequences* (New York: Vintage Books, 1997).

特·胡尔德辛斯基[1]发现，紫外线灯照射可以治疗儿童的佝偻病。战后的研究发现了背后的原理：日光灯可以模拟阳光，促使人体产生维生素D，从而缓解战争造成的营养瓶颈。如今，日光灯业已成为一种常见的医疗工具，用于治疗皮肤病、季节性情绪失调等疾病。[2]

为克服营养匮乏造成的影响，人们发明了一种满足营养需求的替代方法。在许多情况下，战时为应对瓶颈进行的医疗创新最终造福了全人类。

结论

虽然我们倾向于给瓶颈贴上负面的标签，但瓶颈也能助推我们提出新的想法，找到更好的解决办法。瓶颈这一思维模型不仅可以帮助我们在观察系统时更好地理解瓶颈本身，而且告诉我们存在瓶颈并不可怕。要是没有严重的瓶颈，我们可能不会想要做出改善。它的出现迫使我们提高创造力，警惕将问题转移到更糟糕的地方。从长远来看，瓶颈能让我们变得更好。

---

1 库尔特·胡尔德辛斯基（Kurt Huldschinsky，1883—1940）。针对战时由营养不良导致的佝偻病，柏林的儿科医生胡尔德辛斯基于1918年尝试了多种治疗方法，他最终发现紫外线照射十分有效。在二战期间，胡尔德辛斯基和家人被迫逃往埃及，在那里度过了余生。

2 Neetha Mahadevan, "World War I Centenary: Sun Lamps." *Wall Street Journal*, updated October 31, 2018, https://graphics.wsj.com/100-legacies-from-world-war-1/sun-lamps.

系统

04 规模

更大或更小 = 不同

系统有大有小，并且会随着规模的变化而变化。有时，保持较小的规模会更有效，因为根据你的判断，系统增长所需的变革并非你想要的。在扩大规模时，重点是要意识到系统的增长往往是非线性的，这意味着改变单个组件可能会从根本上改变系统，由此创造出新的机遇和新的依存关系。例如，在面包的制作过程中，简单地将食谱中的配料翻倍有时并不可行。你通常不需要那么多酵母，面包的形状决定了双倍酵母可能会导致发酵速度过快。规模这一模型可以帮助我们深入了解尺寸会如何影响我们对系统做出的选择。

在研究复杂系统时，不妨思考一下其功能会如何随规模的变化而变化。关注微观层面可能会误导我们对宏观的认识，反之亦然。一般而言，随着规模的扩大，系统会渐趋复杂。更大的规模意味着各部分之间存在更多的衔接和相互依存关系。因此，必须将规模与瓶颈结合起来。随着系统规模的扩大，其组成部分可能难以跟上扩张的节奏。想象一下，如果业务在某些领域的扩展速度超过其他领域，出现故障和瓶颈自然毫不意外。

> **不从宏观上看问题就很难掌握策略。**[1]
> ——宫本武藏

要举例说明情况会随规模的扩大发生怎样的变化，不妨思考一下同一家公司在不同规模时的情况。公司起初很小，只有几个人在车库里创业起家，

---

[1] Miyamoto Musashi, *Honor: Samurai Philosophy of Life: The Essential Samurai Collection* (Somerville: Bottom of the Hill Publishing, 2010).

创始人彼此关系密切，因此不需要专设人力资源部门或者管理顾问。他们可以一起工作，面对面地解决问题。因为关系密切，所以大家不会轻易撕破脸。没人会从冰箱里偷拿其他同事的午餐，毕竟就这么几个人，是谁干的简直一目了然。

几年后，公司规模扩大，已经拥有 600 名员工，设有多个办公室。其中许多人素未谋面，私下少有来往。规模扩大意味着系统已经彻底改变。此时很有必要设置人力资源岗位，专门从事组织工作，确保同事之间和睦相处。为了避免沟通瓶颈，公司将员工分成若干团队，以便更好地管理公司内部的社交活动。只要各部分之间接洽良好，系统就能以划分团队的方式安全地扩张。但随着系统规模的扩大，情况总会有所不同，公司内部的团队之间永远无法像小公司那样沟通。公司规模越大，确保准确传递信息所需要的工作就越多。

随着公司规模的扩大，系统的某些部分也会出现故障，因为适用于 10 个人的系统往往不适用于 1 000 人。随着规模的扩大，系统也会随之经历变革，但问题始终存在：系统到了明年还有效吗？10 年后呢？100 年后呢？换言之，它的寿命如何？

随着规模的扩大，可以通过保持系统各部分之间一定程度的独立性来增强韧性。（各部分间）依存关系的寿命一般不长，因为这取决于（每部分内部其他）依存关系的寿命。

规模经济

经济学表明，生产流程会随着规模的扩大而发生变化。某种产品产量越大，每增加一单位产量的边际成本就越低。而随着越来越多的人负担得起这款产品，需求往往就会增加。消费者的消费习惯会逐渐培养起来。规模经济之所以行之有效，是因为可以削减成本，比如批量采购材料。系统无法无限扩大，规模经济在达到一定程度后就会失效。最终，要么成本没有了进一步的下行空间，要么没有更多潜在客户可供开发。此外，如果需要依赖能源、原材料或算力等有限的资源，那么产量也会存在上限。

长寿的日本家族企业

成功往往会埋下毁灭的种子。有时,生长反倒意味着变得更脆弱,而有些生物如果保持较小的身形,生存下来的概率会更高。毕竟地球上的大多数物种都属于昆虫——一种微小而简单的生物。

在商业领域,规模化通常被理所当然地视为一件好事。公司规模越大,我们就认为它越成功。我们常常听到新公司快速扩张的故事,它们如何以光速招贤纳士、增设办公场所、将产品或服务推广给更多新的受众。但规模越大,公司可能越脆弱。在经济困难时期,扩张过快的公司可能难以为继。有时,如果以长远发展为最终目标,保持小而简单是一种重要能力。

大多数公司在短短几年内就会以失败告终。在特定的时间点,当时最大的公司无论看起来经营得多么风生水起,都不会存活太久。标准普尔500指数包含的公司的平均寿命仅为24年,而且随着时间的推移,这个数字还在不断减小。[1] 在全世界大多数地方,一家公司能存续几十年就已经相当了不起了。然而在日本,情况并非如此。日本拥有数量惊人的古老企业,这些公司被称为"老铺"。[2] 超过50 000家日本公司拥有百年历史,其中近4 000家公司的历史超过200年。[3]

---

[1] Scott D. Anthony, S. Patrick Viguerie, Evan I. Schwartz, and John Van Landeghem, "Corporate Longevity Forecast: Creative Destruction Is Accelerating," Innosight, 2018, https://www.innosight.com/insight/creative-destruction/.

[2] Kim Gittleson, "Can a Company Live Forever?" BBC News, January 19, 2012, https://www.bbc.co.uk/news/business-16611040.

[3] Joe Pinsker, "These Japanese Companies Have Stayed in Business for Over 1,000 Years," *Atlantic*, February 13, 2015, https://www.theatlantic.com/business/archive/2015/02/japans-oldest-businesses-have-lasted-more-than-a-thousand-years/385396/.

为什么相比其他地方，百年老店在日本更为常见？准确原因无从得知，但大多数历史悠久的公司都有一个共同之处——扩张方式。更确切地说，是它们都选择不再扩张。

日本的百年老店往往规模较小。股东和经营者一般是家族成员或亲朋好友，员工通常不到百人，只专注于日本境内的一个小范围市场。持久、忠诚的客户关系是其商业模式中不可或缺的一部分。此外，公司往往具备一种超脱于产品和服务之外的强大经营理念，驱动着他们与时俱进。

通过维持较小的规模，百年老店得以坚持其传统价值观。在经济不景气时，精简的组织架构是其优势所在。团队很小，员工可能一辈子都在这里工作，由于无可推卸，责任分散的问题就不那么严重。员工可能会更加投入，并以自己的工作为荣。

以日本最著名的百年老店金刚组为例，这是一家专门建造高质量佛教寺庙的建筑公司，从 578 年一直独立运营至 2006 年。如今，它已成为一家大型公司的子公司。在金刚组进行破产清算时，它是全世界历史最悠久的公司，建造了日本有史以来第一座佛寺。在此期间，金刚组一直由同一个家族掌管，历时 40 代人。每任掌门人都将公司传给自己的长子。[1] 不过为了确保代代相传的继承制度能适应任何情况，它还具有一定的灵活性。如果长子不具备领导潜质，就会由其他儿子接任；如果其他儿子也不适合，

---

[1] "Kongo-Gumi Co., Ltd.," Takamatsu Construction Group, accessed August 15, 2019, https://www.takamatsu-cg.co.jp/eng/about/group/takamatsu/kongogumi.html.

或者没有子嗣,那就为女儿择一良婿,让其入赘。即使在今天,出于商业目的收养成年人在日本仍是一种常见做法,这使企业得以在同一个家族中世代相传。[1] 在一位掌门人去世后,金刚组一度由其妻子接管。[2]

金刚组在建造标志性寺庙这个领域究竟经营得有多久呢?在其成立之初,罗马帝国刚刚陨落。[3] 从彼时到 2006 年,全球发生了翻天覆地的变化。在此期间,金刚组经历了无数次战争、政治巨变、经济危机和其他灾难依然屹立不倒,主要原因是其顺应了时代的发展。例如,在二战期间,对佛寺建造的需求大大降低,于是公司转而生产棺材。

其他著名的日本百年老店也同样保持小规模经营,在家族内代代相传。通圆茶屋已经由同一家族经营了 24 代,西山温泉庆云馆则经营了 52 代。有时,甚至连普通员工都会把自己的工作传给下一代。还有一些百年老店可能不会一直由创始人的后代掌管,但至少还是在同一家族成员的手里。

规模扩张并不总是好事。系统会随着规模的变化而变化,因此,保持小而灵活可能反倒是实现企业目标的理想之选。

---

1   Mariko Oi, "Adult Adoptions: Keeping Japan's Family Firms Alive," BBC News, September 19, 2012, https://www.bbc.co.uk/news/magazine-19505088.

2   Joanna Gillan, "Kongo Gumi: Oldest Continuously Operating Company Survives 1,400 Years before Crash," Ancient Origins, September 5, 2015, https://www.ancient-origins.net/history/kongo-gumi-oldest-continuously-operating-company-survives-1400-years-crash-003765.

3   Irene Herrera, "Building on Tradition: 1,400 Years of a Family Business," Works That Work, accessed August 15, 2019, https://worksthatwork.com/3/kongo-gumi.

关于合适的尺寸

1926 年，英裔印度科学家霍尔丹发表了一篇题为"论合适的尺寸"的文章，探讨了体型在生物学中的作用。不同动物的体型大小各不相同，可能不易察觉的是动物的体型与其外表之间的联系。一般而言，一个物种体型的变化和其外表的改变紧密相关。

例如，霍尔丹想象如果一只羚羊体型变大会如何。要想让它的长腿足以支撑自己的体重，其四肢要么变得又短又粗，要么变得又长又细（躯干也得同时变小）。以上两种方式分别对应犀牛和长颈鹿的进化之道。

改变动物的体型不仅会改变其样貌，还会改变重力对它的影响。霍尔丹写道："把小鼠扔进一口 1 000 码[1] 深的矿井，在落到井底时，只要地面足够软，它就只会受到轻微的冲击，可以毫发无损地跑开。而大鼠会摔死，人会骨折，马会发出巨响。"原因在于空气阻力。由于小鼠特殊的重量和表面积之比，空气阻力可以防止它坠落得太快。

[1] 1 码约合 0.91 米。——译者注

> 由小到大的升级往往伴随着从简单到复杂的演变,同时还要确保系统的基本要素或构件保持不变。[1]
> ——杰弗里·韦斯特

照明的故事

人类常以线性的方式思考问题。如果投入增加一倍,产出也会增加一倍。我们很难想象两倍的投入却只带来一倍的产出,或者四倍的产出。理解系统能以非线性方式扩张很有帮助,因为有助于我们了解系统在扩张时会发生多大的变化。

自远古时代,人类不得不与黑暗——我们最大的敌人之一做斗争。在没有人造光源的情况下,一旦太阳落山,我们就无法看清周围的环境,也就无法察觉危险。白天进行的活动,比如制作工具或觅食,到夜间就只能被迫中断。因此,纵观历史可以发现人类耗费了巨大的心血,利用聪明才智开发人造光源并日臻完善,使其更安全、更实惠、更普及。

每当照明技术有所改进,都会产生两个有趣的结果:一是我们必须增加必要的基础设施来提供能源,二是生产力规模会发生变化。

大约4万年前,人类首次尝试照明,当时的方法还没什么技术含量,只是用手捧着未经加工的石灰石片,再加上少许正在燃烧的动物脂肪。随着时

---

[1] Geoffrey West, Scale (New York: Penguin, 2017).

间的推移，人们开始使用贝壳，接着又学会用陶土制作灯具，逐步改进照明设计。[1] 早期的灯具工艺比较粗糙，不难制作，但照明范围很小，也容易熄灭，只是稍微扩大了人类在夜间的活动范围，但也足以让先人在洞穴的墙壁上进行艺术创作。

虽然最早的蜂蜡蜡烛很可能可以追溯到古罗马时期，但由于制作成本太高，在其后的几个世纪里，大多数人都会找来各种其他类型的油来照明。这背后并没有复杂的系统，油灯都是自制的。制作和维护都很费时费力，并且照明范围仍然十分有限，但这已经足够，人造光源的价值显而易见。

如今我们很难想象缺乏有效的人造光源会如何限制人类活动的规模。人造光源大大延长了生产时间。人们可以工作更久，生产更多产品。

曾几何时，一个村子里所有的妇女晚上都会聚集在一间屋子里，围着仅有的一盏灯坐成一圈，借着灯光做针线活。人们能做什么完全取决于灯光的亮度。直到 17 世纪，夜晚的户外街道上仍然是漆黑一片。大多数户外活动都只能在白天进行，所以那时的世界很小。除非你很富有、勇敢（或愚蠢），或者在做违法的事情，否则夜间的活动极其有限。在中世纪的欧洲城市，夜晚意味着完全停工。城门紧闭，道路封锁，守夜人会在街上巡逻，确保无人外出。

到了 18 世纪，鲸油作为灯用燃料得到了普及，这引发了巨大的变化——

---

[1] Jane Brox, *Brilliant: The Evolution of Artificial Light* (London: Souvenir, 2012).

人们用的灯油有史以来第一次不再需要自制。鲸油从遥远的地方运来，消费者购买的是成品。制造鲸油所需系统的规模远超此前家家户户自制的形式。在船上寻找、捕杀鲸鱼并从中提取鲸油需要进行复杂而危险的作业。每头鲸鱼可以产出 1 800 加仑[1] 的鲸油。照明首次成为一个产业。对个人而言，购买燃料显然要比自制更加高效。

然而，燃烧鲸油产生的光亮度相比过去并未得到显著提升。人造光源的下一次革命需要完成周围系统规模的大幅升级。从蜡烛、油灯到煤气灯的过渡也使人类活动的规模得以扩大，颠覆了工厂工作等领域。[2]

煤气是焦炭的副产品，煤气燃烧产生的火焰比此前的任何燃料都更清晰、强烈。工厂最先采用煤气照明，因为照明效果最好，之前只能在白天干的精细活到了晚间也能继续进行。在《幻灭之夜》一书中，沃尔夫冈·希弗尔布施表示："现代煤气照明始于工业照明。"他解释说，新的人造光源"将工作日从对自然光的依赖中解放出来……工作流程不再由工人个人控制……相比其他地方，夜以继日地工作在工厂中最为普遍"。工厂可以扩大生产规模，确保全天候运转不停。

虽然最初的煤气系统只是为个别工厂和住宅创建，但发明家弗雷德里克·阿尔伯特·温莎[3] 提出了一个想法，通过地下管道向一个地区的所有

---

[1] 1 加仑约合 3.785 升。——编者注

[2] Wolfgang Schivelbusch, *Disenchanted Night* (Oakland: University of California Press, 1988).

[3] 弗雷德里克·阿尔伯特·温莎（又作温泽，Frederick Albert Winsor/Winzer, 1763—1830）。位于伦敦的温莎纪念碑上的题词是"夜晚，要有光"，浓缩了他毕生的贡献。作为一位发明家，他率先提出了通过地下管道向建筑物集中供气的想法，并创立了史上第一家煤气公司。

建筑物集中供气。[1] 这样成本更低，减少了每增加一位用户的边际成本，同时也巩固了煤气作为现代家庭必不可少的公用设施的地位。

在这里，我们看到了照明系统规模的又一次扩大。煤气不仅在家庭之外有了独立的生产系统，甚至还有了自己的输送系统，进一步将人从自制照明的过程中解放出来。人们甚至都不需要看着煤气灯以防止其熄灭，而只需按动开关。简·布罗克斯在《追光者》一书中提到："煤气灯彻底改变了照明和生活在过去自给自足的状态。如今一切都变得相互关联、彼此依存、错综复杂。"千家万户都变成了一个庞大系统的一部分。

正如希弗尔布施所述，规模扩张导致了两个结果：一是家庭自主权的丧失，二是对一定地域内公用事业的管理。住宅成了扩大城市规模的一种基础设施。煤气照明在为工业发展带来福音的同时，也为家庭带来了诸多裨益——日常活动不为日光所限，也不再受到蜡烛成本和照射范围的制约。但与此同时，家庭对基础设施产生了严重依赖，在这方面几乎没有任何发言权。

煤气还扩大了夜间人们在城市街道上的活动范围。煤气路灯很快在英国和美国的城市中普及开来。哪怕夜幕降临，人们也不必就此蛰伏，任由武装的守夜人沿街巡逻。"夜生活"的概念应运而生。更多新活动或者旧活动的改良版纷纷涌现：咖啡馆和小酒馆营业至深夜，满足顾客的社交需求；

---

[1] "Frederick Albert Winsor (Winzer) Biography (1763—1830)," How Products Are Made, accessed August 11, 2020, http://www.madehow.com/inventorbios/79/Frederick-Albert-Winsor-Winzer.html.

商店点亮了橱窗，吸引逛街的消费者；城市的一些地区因迷人的夜景闻名遐迩；剧院可以利用灯光制造视觉效果，更好地区分舞台和观众席。

人造光源扩大了我们在夜间的可视范围，从而开辟了崭新的业态和生活方式。夜间庆典和节庆活动开始的时间越来越晚。

电力（一种不用火就能照明的方法）的出现使人类在夜间的活动规模又上了一个台阶。随着技术的进步，电力变得更廉价、更安全，对终端消费者来说也更便捷，而且电灯可以像太阳一样均匀地照亮整个空间。参照煤气灯，电灯对周围系统的要求也达到了前所未有的规模。

电灯起初让人觉得莫名其妙，似乎毫无实用价值。汉弗莱·戴维发明了用碳棒制成的弧光灯，但它存在亮度太高、寿命太短的问题。几十年后，攻克重重难关，白炽灯泡才被发明出来。托马斯·爱迪生和他的实验室为白炽灯找到了合适的灯丝材料，实现了大规模生产。[1]

解决了灯泡的问题后，爱迪生还需要一种为家庭供电的方法。正如简·布罗克斯所述，煤气既是竞争对手也是灵感来源。爱迪生借鉴了集中供气的理念，用电网连接住宅。和煤气灯的应用一样，工厂率先转向使用电灯，尤其是那些使用易燃材料的工厂。虽然煤气照明已经帮助工厂实现了夜间运行，但电力照明成本更低，效果更好，而且大大降低了起火的概率。

---

[1] Jennifer Latson, "Thomas Edison Invents Light Bulb and Myths about Himself," *Time*, October 21, 2014, https://time.com/3517011/thomas-edison/.

要实现为尽可能多的人供电的雄心壮志，就必须建立全新规模的支持系统。这意味着要为铺设电缆挖掘隧道，还要建造发电站。发电意味着大规模的工程建设，比如利用尼亚加拉瀑布进行水力发电。电网通过输电线路把发电厂的电力传输出去，将世界各地越来越多的人连接起来，这也是人类历史上最伟大的创意之一。[1]

随着光照范围的扩大，新的问题也出现了。正如希弗尔布施所述："20 世纪得以充分体验这种无休止的光照。照亮赫伯特·乔治·威尔斯笔下反乌托邦的耀眼光芒不再能保证个人安全，使政府得以进行全方位的监视。"随着人造光源覆盖范围的扩大，个人的机会和限制也发生了变化。尽管人造光源有利于导航和安全，但大多数人都能意识到它的局限性。彻底驱除黑暗意味着"一场无处可逃的光的噩梦"。

人造光源改变了人类的活动范围。在很多方面，光的限制就是世界的限制。在一些地方，我们仍然缺乏消除黑暗的手段，比如外太空和海洋的最深处。

在扩大系统规模时，曾经已经解决的问题在规模扩大后往往还会再次出现。此外，你还会遭遇意想不到的可能和结果。随着规模的扩大，它对其他系统的影响也会加大。系统的扩张并不只是简单地让一切同比例增加。随着系统开发出新的功能，新的影响和要求往往也会出现。

---

[1] J. M. K. C. Donev et al., "Electrical Grid," Energy Education, University of Calgary, 2020, https://energyeducation.ca/encyclopedia/Electrical_grid.

从规模的角度审视人造光源的发展，我们会发现意识到规模变化对整个系统产生的影响至关重要。一个相互联系更加紧密、规模更大的系统兴许能更好地应对各种变化，但也可能更容易出现大面积故障。扩大系统的规模可能意味着使用新材料，或者沿用此前行之有效的方法，抑或重新思考整套方法。

结论

系统会随着规模的变化而变化。规模的大小本质上并无优劣之分，合适与否取决于你的目标和你所处的情境。如果想要扩大规模，你就需要预见新问题的不断涌现——这些问题在规模较小时并不存在，或者你可能需要不断以新的方法解决同样的问题。

从这个模型来看，随着系统规模的扩大，失败所产生的影响也会增加，但成功的体量也会扩大。虽然保守行事、避免出错似乎是最简单的做法，但保持小规模并不总是正确答案。有时，小体量是生存的必要条件，但如果始终如此，那你就会错过更大的潜在机遇。

系统

05　安全边际

预料不可预料之事。

在接触复杂的系统时,我们需要为随时可能出现的意料情况做好心理准备。系统并不总如预期般运行,它们受制于多变的条件,并且可能以非线性的方式做出反应。

为确保系统能够应对压力和不可预测的情况,通常需要留出一定的安全边际。这意味着在系统的处理能力与处理需求之间需要预设一定的空间。安全边际是处于安全与危险、秩序与混乱、成功与失败之间的缓冲区,确保系统不会轻易地从一个极端滑向另一个极端,从而造成损害。

> 我们这个世界与最稀奇古怪、意想不到的危险之间,
> 似乎只隔着一丝岌岌可危的安全边际。[1]
> ——阿瑟·柯南·道尔

例如,工程师深知要针对极端情况而非平均情况进行设计。在工程设计中,必须考虑需要处理的最大数量,然后在此基础之上叠加额外的缓冲区。假设平均每天有 5 000 辆汽车通过一座桥,那么将桥梁的承载力刚好设成满足这一数值肯定并非明智之举。如果某天桥上通过的公交车或卡车数量远超平时怎么办?如果出现强风怎么办?如果该地区要举办一场大型体育赛事,过桥的车辆相比平时翻了一番怎么办?如果 10 年后该地区的人口大幅增长怎么办?桥梁的设计者必须预留充足的安全边际,这样即便每天有远超 5 000 辆车过桥,它也能屹立不倒。较大的安全边际并不能完全消除故障发生的可能性,但至少能降低这一概率。

---

[1] Arthur Conan Doyle, *Tales of Terror and Mystery* (London: Pan Books, 1978).

对投资者来说，安全边际就是投资工具的内在价值与其价格之间的差距。安全边际越高，投资越安全，潜在的利润空间就越大。因为内在价值是主观的，所以缓冲区最好尽可能大，以应对不确定性。[1]

在计算理想的安全边际时，我们必须考虑风险有多大。失败的代价越大，缓冲区就应该越大。

为了建立安全边际，复杂的系统可以利用备份，即备用组件、功能或子系统，以便在问题出现时发挥作用。备份能提高系统的韧性，哪怕出现差错或者损坏，系统仍然可以继续运转。备份也可以被视作一条备用路线，就好比你记住通往办公室的多条路线后，万一某条路因车祸而发生堵塞，你依然可以选择其他路线赶去上班。系统运行难免会遇到故障，没有备份的系统难以长期运行。

与安全边际一样，风险越大，就越需要备份。一支钢笔坏了没什么大不了，但要是飞机的关键部件坏了，则可能造成灾难性后果。如果只是去本地的商店购物，带上手机以备不时之需就足够了；但要是独自去野外徒步，你可能就需要提前准备多种通信方式。坐飞机比坐汽车更安全，部分原因就在于飞机有很多备份，毕竟飞机发生故障的代价要大得多。

我们必须谨慎对待安全边际，因为它会让我们盲目自信。如果行事过于鲁莽，安全边际的益处就会被抵消。系统一旦涉及人，过多的安全边际或备

1　Benjamin Graham, *The Intelligent Investor* (New York: Harper, 2006).

份可能就会导致风险补偿。比如，大家都知道上车要系安全带，但它真的能提高安全性吗？研究表明，系安全带或许并不能减少车祸死亡人数，因为可能反倒会降低司机的谨慎程度，让他们觉得自己有了安全边际的庇护，不会轻易受伤。这样一来，即便司机更安全了，行人和乘客的风险也会大大增加。[1]

系统故障的风险并非一成不变。当人类参与其中时，故障率可能会稳定在某一数值，因为安全边际有时会产生逆向的激励作用。如果我们因知道安全边际的存在而改变自己的行为，那么最终可能会减少甚至完全抵消安全边际的裨益。把手表调快15分钟能让你更加准时。参照手表显示的时间，你就能拥有一个缓冲区，以免途中被事情耽搁。但如果你始终记着手表是快的，并且每次看完都会算一下准确的时间，那就起不到任何作用了。

反之，安全边际和备份也可能导致我们过于谨慎。并非所有情况都像建桥一样，桥梁要么挺立，要么倒塌，而后者会造成人员伤亡。感觉不适与遭受重创存在本质的区别：大多数系统哪怕瘫痪一个小时也无大碍，我们可以连续几天不吃不喝，大多数企业没有收入也能撑一段时间。过大的安全边际可能是对资源的浪费，也会埋下损伤竞争力的隐患。如果你知道不会出问题，那就可能沾沾自喜。但安全边际过小也可能招致毁灭，因为无法经受不可避免的冲击。

---

[1] David Bjerklie, "The Hidden Danger of Seat Belts," *Time*, November 30, 2006, http://content.time.com/time/nation/article/0,8599,1564465,00.html.

最小有效剂量

药和毒药的区别就在于剂量。有益物质摄入过多也可能有害健康甚至致命,而少量的有害物质也可能产生有益的效果。医生给患者开的药物剂量必须足以产生疗效,但又不能过量,以致对患者造成伤害。处方剂量和有害剂量间应存在足够的缓冲区,因为患者可能服药过量,或者服药的时间间隔太短。

因此,药理学家计算出了"最小有效剂量",即让普通患者获得显著疗效所需的最低用药量,然后又计算出了"最大耐受剂量",即普通患者在不受伤害的情况下所能服用的最大剂量。例如,疫苗中含有使人体产生免疫反应所需的最小病毒量。病毒过多会导致感染,过少则起不到保护作用。了解这二者的差距意味着医生能从可能有效的最低剂量开始尝试治疗,从而确保一定的安全边际。

通过学习建立安全边际

我们如何在生活中建立安全边际？世事难料，难免会出错，理想的情况是我们能有一种方法，通过内置的安全边际来提高我们面对巨变时的应变能力。学习是在个人层面应用这一思维模型的一种方法。

我们学得越多，盲点就越少。而盲点是所有错误的根源。虽然学习的知识多于完成工作所需的知识会显得效率低下，但盲点的相应减少却为我们提供了安全边际。知识让我们能够适应不断变化的情况。

有一种职业要求个体掌握的知识远远超过他们的工作所需——宇航员。在恶劣的太空环境中执行任务意味着你必须为尽可能多的变数做好准备，以采取最佳措施应对挑战。对宇航员来说，学习就是一种建立安全边际的方式，这使他们有能力应对太空中的意外情况。人类不仅具备学习能力，还具有在新情况下灵活运用知识的能力，这也是我们需要宇航员的主要原因之一。他们以人类独有的方式对新信息做出反应，发挥创造力并进行评估。

克里斯·哈德菲尔德[1]在《宇航员地球生活指南》一书中解释了宇航员如何及为何要尽可能多地学习。他们不会止步于自己需要了解的知识，而是坚持终身学习，为所能想到的可能情况做好准备，通过学习减少盲点。他在

---

[1] 克里斯·哈德菲尔德（Chris Hadfield，1959—）。哈德菲尔德在加拿大安大略长大，和许多孩子一样，他在年幼时就梦想成为一名宇航员。当时的加拿大甚至还没有太空计划，但哈德菲尔德克服重重困难，加入了空军，积累了必要的经验，终于在加拿大航天局成立后实现了自己的梦想。自2013年退役以来，哈德菲尔德就他的经历发表了大量演讲和文章。

谈及宇航员时表示："无论能力多强、经验多丰富，每个宇航员都永远是学生。"[1] 他们"被训练看向黑暗面，想象可能发生的最坏情况"，再为此做训练。据哈德菲尔德描述，宇航员会长时间在模拟器和教室中接受培训，为各种难以置信的潜在突发情况做好准备。

太空计划的文化就是不断询问所有细节。这么做不是为了卖弄学问，也不是想故意让人难堪，而是为了获得学习和进步所需的必要信息。因此，对宇航员个人和他们所属的航天组织来说，持续学习是在航天行动中创造安全边际的关键因素。

虽然宇航员都接受过良好的教育，经验丰富，但在进入太空计划时要学习的内容依然多到不可思议。哈德菲尔德在谈及职业生涯初期时表示："在休斯敦接受训练时，我还无法区分真正重要和无关紧要的事情，无法分辨什么能在紧急情况下帮我存活下来，而什么虽然深奥有趣但其实并不重要。"在参与项目的过程中，他上过太空，也在地面上工作过，他说自己"随着时间的推移，学会了如何预测从而预防问题，以及如何有效应对危急情况。"哈德菲尔德的经历充分说明了为何学习"元技能"对宇航员来说非常重要：宇航员永远有对知识的诉求，只是无法提前预知在执行太空任务的过程中，面临生死攸关的情形时，他们需要应用的究竟是哪些知识。

---

1 Chris Hadfield, *An Astronaut's Guide to Life on Earth* (Toronto: Vintage Canada, Penguin Random House, 2013).

在太空计划中，学习是成功的关键。哈德菲尔德写道："我们的核心技能——使我们成为宇航员的技能，即在恶劣环境中利用不完整信息迅速分析和解决复杂问题的能力，并非与生俱来。但现在我们都具备了，是在工作中逐渐培养起来的。"

虽然太空任务备受关注，但宇航员的工作远不止于此。如果一个人只想待在太空中，那他其实并不适合这个项目，因为没有人一定能获批参与航天任务。相反，宇航员的大部分工作都是在地球上完成的，比如学习俄语，以及穿着宇航服泡在水池里练习运动。训练是持续性的，而前往太空执行任务只是一种可能性。

哈德菲尔德在国际空间站指挥了6个月。空间站上任何时候都有3～6个人，这样一旦出现问题，至少有一个人（最好是两个人）能够及时对其进行处理。毕竟从地面上派人前来解决问题肯定来不及。

虽然宇航员可以通过与地面通信获得想法和建议，但主要还是依靠太空中的团队解决问题。因此，哈德菲尔德表示，这就是为什么"拥有'资质过硬'的同事对每个人来说都是一张安全网"。

宇航员必须样样精通。这种冗余十分必要，以防其中一人意外丧失工作能力或者需要帮助。这意味着不在太空的时间最好都用来学习各类技能，例如拔牙、在太空中修马桶。"你知道的越多，行动意识越敏锐，你就越有能力对抗糟糕的结果，直到最后一刻。"

我们的自我妨碍了我们利用安全边际，而安全边际是通过掌握超过自身所需的知识、技能建立起来的。通常我们的所学足以解决今天的问题，却不足以应对明天的挑战。换言之，我们的知识没有安全边际。自我妨碍的另一种表现形式是我们往往只愿做自己天生擅长的事情，因太过害怕垫底而不敢涉足其他领域。但正如哈德菲尔德所述，"太过顺利、一试就成并非好事。从本质上讲，你在因缺乏准备而获得奖励，所以一旦置身于必须提前做好准备的处境，你就会手足无措，不知如何是好了"。生活中难免会遇到超越自身天赋的挑战。做好准备的唯一方法是，首先，尽可能多地积累知识，以应对各种可能性；其次，培养判断何为相关、有用的能力。

哈德菲尔德总结道，无论是在太空中还是地球上，"真正做好准备意味着洞悉潜在的问题，并制订应对计划"。即便计划只是让你知道如何应对不确定性，这些基于学习的计划也能成为你的安全边际。宇航员一直在模拟器中训练，以应对在太空执行任务的过程中可能发生的各种灾难。哈德菲尔德认为，不断进行的模拟训练不仅不会令人沮丧，反而具有巨大的价值，因为能教会宇航员如何在现实生活中更清晰地思考问题。

基于几十年的太空生涯，哈德菲尔德对人生有如下感悟："如果有时间，就利用它来做好准备……是的，或许你习得的技能从来也没派上过用场，但这总要好过等到用时却不知从何下手。"

毕竟"事关重大时，准备就是一切"。你了解得越多，就越能预测和避免问题。因此，知识可以被视为一种安全边际，对不可避免的意外挑战起缓冲作用。

> 专业人员为"温和的随机性"制订计划，却误解了"疯狂的随机性"。他们从平均值中学习，却忽略了异常值。因此可以想见，他们总是低估灾难性的风险。
> ——伯努瓦·曼德布罗特

做最坏的打算

不可能事事都有备用方案。我们一天或一年要做的事情太多，无力投入必要的资源为所有工作制订应对灾难的计划。然而，在事关重大的情况下，有必要付出巨大的努力以建立全面的安全边际。极端的事件需要做好极端的准备。

"领导即预见"是雅克·贾加德[1]的座右铭，他是二战期间法国国家博物馆的馆长。[2] 如果这句话没错，那么贾加德就是一位完美的领袖。

战争开始前，许多法国人都不相信纳粹会攻击巴黎，破坏巴黎博物馆和美术馆中的文化瑰宝。贾加德却不那么乐观。考虑到艺术珍品的不可替代性，他宁可小心为上。相较大多数法国人，贾加德在艺术领域见多识广，也因此更为深刻地体会到艺术在冲突中发挥的作用。在20世纪30年代的西班牙内战期间，他协助将艺术品从西班牙马德里的普拉多博物馆运往

---

1 雅克·贾加德（Jacques Jaujard, 1895—1967）。二战期间，作为法国国家博物馆的馆长，贾加德曾无数次冒着生命危险保护法国的公共和私人艺术藏品。二战后，他保护国家文化的热情不减，帮助成立了法国重获艺术品委员会（French Commission on Art Recovery），致力于将艺术品带回法国。由于他的勇敢和奉献，贾加德被授予抵抗勋章，获得了法国最高荣誉之一——荣誉军团指挥官级勋章。

2 "The Monuments Men," Monuments Men Foundation, accessed August 19, 2019, https://www.monumentsmenfoundation.org/the-heroes/the-monuments-men/jaujard-jacques.

瑞士。艺术品在战时很容易因轰炸、起火等惨遭破坏,也容易被敌军攫取以供牟利,同时也常被用作征服和侵蚀当地文化的手段。贾加德的经验告诉他,最好尽早将巴黎的文化珍宝安全转移,以免遭到袭击。[1] 这样一来,无论如何,法国知道自己至少保住了一部分文化珍宝,自然也能保住骨子里的一份自豪感。

因为预料到德国入侵不可避免,贾加德制订了一个计划。就在法国爆发战争的几天前,贾加德宣布卢浮宫将闭馆 3 天进行维护。但等到博物馆的大门再度打开,里面已是空空如也。成千上万件艺术藏品究竟去了哪里?

闭馆期间,由数百名卢浮宫工作人员、艺术系学生和志愿者组成的团队将每幅作品进行打包,等待转运。[2] 有些画作可以卷成管状,而有些太大,需要用剧院布景用的卡车来运输。接着,包括出租车、救护车等在内的一切可用车辆悄悄载着藏品连夜离开巴黎,前往郊外。战争尚未开始,这些艺术品就已被安置在法国各地城堡的地下室和其他安全的储藏空间中。

早在威胁迫在眉睫之前,贾加德就率领团队展开行动,确保了卢浮宫藏品的安全边际。此举颇具先见之明。据估计,纳粹窃取了 500 万件艺术品[3],

---

[1] Agnès Poirier, "Saviour of France's Art: How the Mona Lisa Was Spirited Away from the Nazis," *Guardian*, November 22, 2014, https://www.theguardian.com/world/2014/nov/22/mona-lisaspirited-away-from-nazisjacques-jaujard-louvre.

[2] Agnès Poirier, *Left Bank: Art, Passion, and the Rebirth of Paris 1940—1950* (London: Bloomsbury Publishing, 2016).

[3] Noah Charney, "Did the Nazis Steal the Mona Lisa?," *Guardian*, November 12, 2013, https://www.theguardian.com/artanddesign/2013/nov/12/nazis-steal-mona-lisa-louvre.

其中约 10 万件来自法国[1]。希特勒的野心之一是在奥地利建造一座"元首博物馆",展示从其他国家掠夺来的战利品。

1940 年,纳粹指派弗朗茨·沃尔夫–梅特涅伯爵为其搜寻艺术品。弗朗茨前去拜访贾加德,当弗朗茨看到卢浮宫空空如也时,他看起来如释重负。他并非真正的纳粹分子,甚至成了贾加德的盟友,直到被纳粹发现,丢掉了工作。此后,由于失去了内线的接应,贾加德的处境更加岌岌可危。

为降低艺术品被纳粹找到的风险,贾加德和团队将它们分散藏匿在多个地点。哪怕任何一处地点暴露,损失的也只是其中一小部分藏品。他在每处藏匿点都建立了额外的安全机制,还安装设备以使藏匿点保持适合艺术品的温度和湿度,并在安全性存疑时立刻安排转移。贾加德还在箱子上以彩色圆圈标明艺术品的重要程度,以防突发状况下需要被迫做出取舍。[2]

多年间,这些藏品始终藏匿得很好。卢浮宫的珍宝一再被转移。随着纳粹占领的深入,卢浮宫的管理员们有时不得不睡在那些最重要的展品旁边以护其周全。

---

1   Aurelien Breeden, "Art Looted by Nazis Gets a New Space at the Louvre. But Is It Really Home?," February 8, 2018, https://www.nytimes.com/2018/02/08/world/europe/louvre-nazi-looted-art.html.

2   Gerri Chanel, *Saving Mona Lisa: The Battle to Protect the Louvre and Its Treasures from the Nazis* (London: Icon Books, 2018).

在参与卢浮宫行动的数百人中，罗斯·瓦兰[1]是最突出的人物之一。她在纳粹的艺术品盗窃部门工作，记录了成千上万幅被盗画作在离开法国后的下落。不过她并不忠于纳粹，相反，瓦兰利用职务之便复制了有关这些藏品下落的信息。她为人低调，因此得以暗中监视纳粹而不被怀疑。他们甚至都不知道她会说德语，能偷听他们的谈话。

战后，在她所做记录的帮助下，许多可能就此遗失的藏品最终失而复得，回归法国，其中就包括藏在巴伐利亚阿尔卑斯山脉新天鹅城堡的2万多件珍品。瓦兰将余生都奉献给了帮助艺术文化藏品回归祖国的伟大事业。[2]

由于贾加德和团队的极度谨慎，战争结束时，卢浮宫的藏品无一丢失或损坏，既未惨遭纳粹劫掠，也避免了被火烧、水淹甚至盗窃。及早行动，谨慎行事，这些都功不可没。

战争结束后，卢浮宫终于再度敞开大门。幸存的馆藏诉说着无数法国人民英勇抗击纳粹的壮举。要说贾加德的所作所为纯属白费力气，对法国取得战争的胜利毫无贡献倒也没错。但是贾加德只是在履行他作为国家博物馆馆长的职责——帮助捍卫法国的灵魂、遗产和历史，这是法国值得为之奋斗的根由，也是其独一无二的魅力之源。

---

1 罗斯·瓦兰（Rose Valland，1898—1980）是法国文化的勇敢守护者，是二战中的无名英雄，她与雅克·贾加德一起在保护卢浮宫馆藏方面发挥了核心作用。战后，这些她冒着生命危险收集的信息对归还工作发挥了重要作用。瓦兰的后半生一直在为法国艺术品的安全归还而奋斗，最终成为法国历史上功勋卓著的女性之一。

2 "Valland, Capt. Rose: Monuments Men Foundation," Monuments Men Foundation, accessed May 26, 2020, https://www.monumentsmenfoundation.org/valland-capt-rose.

纳粹最终战败了，但他们从其他博物馆抢走的许多艺术品至今仍未归还，或者已经损毁到无可修复的地步。卢浮宫本身还收藏着大约 800 件没能物归原主的艺术品。[1] 贾加德在战时将艺术品运出巴黎的经历告诉我们，当失败的风险很高时，留出足够的安全边际至关重要。未来很难预测，因此威胁越大，就越要做最坏的打算。

结论

从安全边际的角度看待世界，会发现冗余有时不可或缺。与专业化相比，培养全面的能力似乎成本太高，但后者才更有可能帮助我们在特殊情况下实现自救。对小任务来说，提高效率大有裨益，因为哪怕失败也不会有严重的后果，但生活中并非都是小挑战，后果也并不总是无关痛痒。我们总会遇到极端事件，这时的失败就会招致灾难。

安全边际这一模型表明，我们不该为了提高当前的效率而牺牲未来的安全。建立安全边际是应对意外情况的绝佳缓冲方式，让我们有时间进行有效的调整。

---

1 Eleanor Beardsley, "France Hopes Exhibit of Nazi-Stolen Art Can Aid Stalled Search for Owners," NPR, February 23, 2018, https://www.npr.org/sections/parallels/2018/02/23/588374670/france-hopes-exhibit-of-nazi-stolen-art-can-aid-stalled-search-for-owners?t=1561971635984.

系统

06 更迭

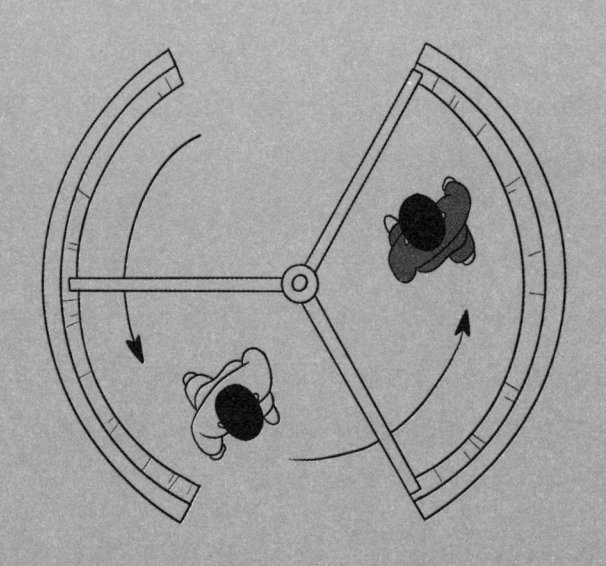

总会有所行动。

在系统内部，组件会不断磨损和消耗。这既包括系统内的材料和信息（库存），也包括系统本身的零部件。要维持系统的正常运转，就需要不断补充系统维护所需的库存和零部件。我们将这一过程称为"更迭"。

更迭的例子随处可见。人体的皮肤细胞始终在更新换代。森林中既有老树枯死，也有新木发芽。汽车的零件会随着时间的推移而老化，有些需要更换，而有些一旦坏了，车就报废了。城市有人迁入，有人搬离。系统组件从来都不是一成不变的，因此了解库存变化、部件磨损的方式和原因非常重要。通过更迭这一模型，你可以更清楚地观察到这种系统变化并学会如何应对。

在商业领域，"更迭"指的是用户流失，不管是因为他们取消订阅、不再购买某种产品，还是搬离了某家商店，抑或其他原因。任何企业都不可能永远留住每一位用户。不过，用户流失率会因替代品的可及性、转换的难易程度，以及总体满意度等因素而异。用户流失通常以百分比的形式表示，是衡量产品是否适应市场的良好指标。

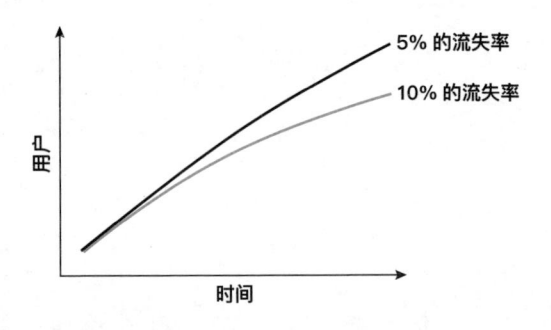

当我们的用户留存率达到90%时，我们可能会自以为表现不错。但随着时间的推移，我们与竞争对手之间5%的差距意味着我们的增长速度更慢，必须付出更多努力才能追赶上对手。

业务增长也许是好事，但用户流失也同样值得重视。如果新用户停留的时间长度还不足以抵消获客成本，那么不管获得多少新用户都无济于事。如果用户流失率太高，公司的获客资金可能很快就会消耗殆尽。

"更迭"也可以指代员工流动率，由于员工和雇主面临的成本不同，不同行业的员工流动率也不尽相同。如果招聘和培训新员工的成本很高，企业就有动力保持较低的流失率，反之则反。例如，快餐店的员工流动率显著高于政府部门。一定程度的人员流动，哪怕只是由于员工退休，也有助于带来新的视角和经验。但过高的人员流动率会阻碍专业知识的积累。

如果系统的更迭率过高，那么替换损失或消耗的部件就成了一个原地踏步的过程。一旦我们发现自己深陷疲于追赶流失的泥潭，就应该后退一步，重新评估这样做是否值得，或者是否存在其他办法。

无论形式如何，更迭在一切系统中都不可避免，因此有必要探究一下怎样才能将更迭为我所用。费尽心机留住每位用户是否值得？还是应该放弃一定比例的用户，专注于对营收贡献最多的核心用户？倘若员工对工作已然兴趣寥寥，或者在其他地方能获得更好的职业发展，再试图挽留他们还有没有必要？从更迭的角度分析情况可以帮助你对其加以利用，并以此为组织注入新的能量。

邪教

我们永远无法消除群体中的更迭。当一个组织的目的变成阻止成员离开，它就演化成了邪教。邪教是指想方设法控制其成员的团体，避免成员流失成了全部目的，偏离了其最初成立时的宗旨。每个细节都是为了把成员拴得更紧。即便组织的初心是积极向上的，其过程最终也只会对成员造成伤害。

"今天是你余生的第一天。"你可能听过这句励志名言，但它的起源带有几分邪恶色彩。这句名言出自锡南浓的创始人查尔斯·戴德里奇[1]之口。锡南浓是美国历史上臭名昭著的邪教之一，原因如下：由于迅速成功吸收了大批信徒，锡南浓在流行文化中占据了一席之地，在20世纪50—90年代，它的鼎鼎大名频频出现在知名的歌曲和书籍中。锡南浓得到了参议员托马斯·多德和南希·里根等政治人物的支持。此外，锡南浓更是不遗余力地阻止成员离开或外界妨碍其活动，成了一台高效减少流失的机器。虽然组织的初衷是积极的，但留住成员的目标最终压倒了一切。

锡南浓成立于1958年，最初是一个戒毒康复项目。曾经饱受酗酒困扰的戴德里奇用一张33美元（约合现在的300美元）的失业救济金支票在自己的小公寓里创办了这个组织。[2]到1991年解散时，当初的小小社群已经发展到不可思议的程度，演变成了一个拥有成千上万名忠实信徒的纯粹的邪教组织。[3]

---

[1] 查尔斯·戴德里奇（Charles Dederich, 1913—1997）。在生活屡屡被酗酒摧毁后，戴德里奇加入了嗜酒者互诫协会，并由此受到启发，创立了自己的戒毒戒酒会锡南浓。在鼎盛时期，锡南浓拥有高达5 000万美元的资产和数千名成员。

[2] Lawrence Van Gelder, "Charles Dederich, 83, Synanon Founder, Dies," *New York Times*, March 4, 1997, https://www.nytimes.com/1997/03/04/us/charlesdederich-83-synanon-founderdies.html.

[3] Jyotsna Sreenivasan, *Utopias in American History* (Santa Barbara: ABC-CLIO, 2008).

在戴德里奇创立锡南浓时，美国为成瘾者提供的治疗选择还十分有限。由于酗酒，戴德里奇从大学辍学，既保不住工作，感情上也屡屡失败。他深知成瘾给个人和家庭带来的沉痛代价。虽然当时有匿名戒酒会，但康复设施并不普及，而且污名化现象严重，社会上普遍认为上瘾是个体失败的表现。基于自身经历，戴德里奇最初认为，只要个体选择改变自身所处的社会环境并帮助他人，成瘾就是可以治愈的。[1] 虽然我们现在知道，环境和人际关系确实在成瘾中起着重要作用，但他的信念最终让他走上了邪路，以牺牲治疗为代价对成员实施控制。

在锡南浓成立十年后，戴德里奇改变了他对毒瘾本质的看法。他认为，成瘾者不可能完全康复，也无法继续过正常的生活。他要求组织成员一辈子留在组织中，不准离开。

戴德里奇开始使用洗脑术消除流失，同时使用武力威胁来阻止潜在的叛逃者。为进一步壮大锡南浓，他开始接收新型成员，包括寻求个人成长的中产阶级，以及被法院判决强制送到锡南浓的年轻人——这也表明该组织在当时得到了社会主流的认可。

锡南浓通过洗脑、剥夺自主权和暴力威胁等手段对成员进行全面控制，以防止成员流失。所有人被要求剃光头、穿工装裤，彻底戒烟戒毒。他们每

1　Hillel Aron, "The Story of This Drug Rehab-Turned-Violent Cult Is *Wild, Wild Country*-Caliber Bizarre," *Los Angeles Magazine*, April 23, 2018, accessed August 16, 2019, https://www.lamag.com/citythinkblog/synanon-cult/.

天待在锡南浓专用的大楼里，连续数小时聆听戴德里奇在广播电台里不断重复自己的观点。已婚夫妇共同加入后必须离婚，成员也不能生儿育女。

也许最极端的精神操控术就是所谓的"游戏"环节。该环节持续时间很长，成员被鼓励互相批评，表达对其他成员的不满。理论上讲，这么做是为了确保彼此坦诚相待，打破等级制度。但实际上，它的作用是先从情感上击垮成员，然后再通过他人的支持进行重建。"游戏"可以被视为一种有意为之的创伤型情感纽带建立模式，即通过周而复始的虐待过程加强人际关系。锡南浓还有一个准军事组织，配备了数百支枪，能够攻击反对戴德里奇或者想要离开的人。一名起诉锡南浓的律师在信箱里发现了一条活的响尾蛇，其尾部用于发声的角质环还被移除了。

当锡南浓因没有医疗执照而受到法律审查时，戴德里奇宣布它不再是一个成瘾治疗项目，而是变成了一种宗教。此举让锡南浓得以进一步加强对成员的控制。康复或个人发展项目自有其终点，宗教则不然。戴德里奇有了更充分的理由阻止成员流失。

当美国国税局撤销了锡南浓的免税地位，并责令其补缴数百万美元的税款时，它才终于走到了尽头。锡南浓的故事告诉我们，在任何系统中，更迭都不可避免，企图消灭更迭只会扭曲系统的目标。无论初衷如何，一个试图阻止成员离开的组织只会以暴力和胁迫收场。倘若成员享有随时离开的自由，就能对滥用权力起制约作用。国家或企业也是如此，人们需要用脚投票的自由。从这个意义上说，流动率过低可能是一个强有力的指标，表明一定有些事情不对劲。

利用更迭进行创新

只要水平合理，更迭就是健康的系统中不可或缺的一部分——组件需要替换和更新。在某些情况下，倘若自然的流动率不够高，那就有必要人为在系统中加以规定。有人离职也可能是件好事，因为新人会带来新的想法。如果你规定了一定程度的流动率，那就可以减少不合适的成员留下的可能性，也能预防你为阻止成员离开而做出伤天害理的事情。

更迭的价值会因团队类型而异，但对想要发明创新的组织而言，无奖金或晋升的固定任期可以帮助成员将注意力集中于真正需要的地方。布尔巴基学派就是这么做的：确保固定的流动率，以促进思想和灵感的交流碰撞。

1935 年，一群杰出的年轻法国数学家相聚于巴黎的一间咖啡馆[1]，其中包括安德烈·韦伊（数论和代数几何的奠基人）、昂利·嘉当（解析函数论的主要推动者）、克劳德·谢瓦莱（许多数学理论中的重要人物）、夏尔·埃雷斯曼（以"埃雷斯曼联络"这一术语而闻名），以及索尔姆·曼德尔布罗伊特（因其数学分析工作而备受认可）。这个组织拥有一个野心勃勃的目标（鉴于成员资历，也并非不切实际）：他们想把现有的所有数学知识汇编成统一的理论，然后编写一套关于这个理论的综合性教科书。[2]

1　"Bourbaki, Nicolas," Complete Dictionary of Scientific Biography, accessed August 19, 2019, https://www.encyclopedia.com/people/science-and-technology/mathematics-biographies/nicolas-bourbaki.

2　Marjorie Senechal, "The Continuing Silence of Bourbaki," *The Mathematical Intelligencer*, accessed August 19, 2019, http://ega-math.narod.ru/Bbaki/Cartier.htm.

他们认为一切学术成果都应该是集体智慧的结晶，而非某个人的成就。否则，又如何能确保形成的是凝聚当代数学精华的统一理论，而非某个人的观点呢？因此，几位数学家虚构了一个人物——尼古拉·布尔巴基[1]，所有人的成果都以此署名。他们想方设法将其塑造成一个活生生的人[2]。许多使用他们教科书的学生都完全不知道布尔巴基是一个团体。

除了在二战期间中断，布尔巴基学派的成员每年都会召开两三次为期一周的会议，专门商讨系列教科书的编写工作。这确实是集体智慧的结晶。几位数学家会为了每句话展开讨论，甚至激烈辩论，直到每个人都至少相对满意为止。每本书都要经过数年的批评与重写工作才能完稿。在旁观者眼里，这种做法似乎混乱不堪，毫无系统性可言。但这意味着他们的工作足够严谨缜密。有时，恰恰是在争论得不可开交时，他们会提出一种新的方案。由此编纂而成的教科书确实对数学产生了重大影响。有些说法认为，他们传授知识的方法已经成为业内标准。

至于布尔巴基与更迭这一思维模型存在怎样的关联，不妨思考一下这个团体成立的背景。与其他国家不同，在一战期间，法国并未免除特定职业（包括学者）的兵役义务。这就意味着再杰出的数学家战死沙场的概率也

---

1 尼古拉·布尔巴基（Nicolas Bourbaki，创于1934年），尽管被普遍认为是20世纪最重要的数学家之一，人们对这位神秘的数学家的生平却知之甚少。布尔巴基对几乎所有数学领域都十分精通，这使他获得了天才的美誉。1913年，他被任命为多尔帕特大学的讲师。他的女儿贝蒂于1938年嫁给了著名的猎狮人赫克托·佩塔德。可以说布尔巴基是有史以来最伟大的数学家。

2 Amir D. Aczel, *The Artist and the Mathematician: The Story of Nicolas Bourbaki, the Genius Mathematician Who Never Existed* (London: High Stakes Publishing, 2007).

与其他人别无二致。[1] 在战争中幸存下来的人当时往往已经超过 45 岁，足以被免除继续参加二战的义务。随着众多年轻数学家的牺牲，到了 1935 年，参与教学和编写教科书的不少学者都年事已高，他们虽然经验丰富，但并不总能完全跟上最新的研究进度。数学界错失了以往定期涌入、思维活跃的年轻人才。由于失去了整整一代数学家，其中无疑有许多潜在的天才人物，数学的发展在法国有所放缓。[2]

> 我们的目标是集体撰写一篇分析论文，以此制定今后 25 年微积分专业的教学大纲。当然，我们会尽可能让论文与时俱进。
> ——安德烈·韦伊最初的提议

布尔巴基学派之所以如此具有革命性，部分原因就在于它规定成员到了一定年龄就要离开。这确保了新观点和新知识的补充。成员 50 岁就要退休，会有更年轻的数学家取而代之。虽然当今社会可能会谴责这是年龄歧视，但这并不是对他们专业能力的批评。其目的是不断吸引掌握最新理论的学者加入。任何人在任何时候以任何理由申请离开都不会受到任何阻碍。一旦成员对这份事业失去兴趣，他们就会退出。于是最终留下的一定是对布尔巴基学派真正抱有热情的。其成员从来不是固定不变的。

---

[1] Maurice Mashaal, *Bourbaki: A Secret Society of Mathematicians* (Providence: American Mathematical Society, 2006).

[2] J. J. O'Connor and E. F. Robertson, "Bourbaki: The Pre-War Years," Bourbaki 1, accessed August 19, 2019, http://www-history.mcs.stand.ac.uk/HistTopics/Bourbaki_1.html.

如今，布尔巴基学派名义上仍然存在，尽管不再发表任何文章，但仍会举办研讨会。在 20 世纪，这个充满活力、不断变化的团体在数学史上留下了浓墨重彩的一笔。也许某一天、某个时刻，它会在时代的召唤下挺身而出，让数学界焕发新生。

从更迭这一模型的视角来看，布尔巴基学派的故事表明不断的变化有其价值。倘若利用和指导得当，更迭会带来新的理念，提高我们的适应能力。通过更迭不断筛选有益特征，最终实现进化。在布尔巴基学派内部，成员更迭留下了那些拥有最新数学知识并对项目充满热情的人。在任何系统中，部件都需要不时更换，以确保系统整体运转良好、障碍物能被及时清除。更迭有助于系统的不断完善。让所有部件保持不变，既不可取也不现实。然而，无论部件更换多么频繁，任何系统都不可能永远运行下去。布尔巴基最初作为教科书编纂者的身份早已不复存在。所处的环境已然改变，它也不再是最适合完成这一任务的组织。但是，在追求最初目标的过程中，更迭助其保持与时俱进，让布尔巴基发挥了重要作用。

结论

更迭并不可怕。更换组件是保持系统健康运行不可或缺的一环。新部件可以帮助系统改进功能。这个模型告诉我们，新人会带来新的想法，而一定的流动率恰恰能帮助我们保持稳定（这听起来似乎有违常理）。吐故纳新也给了我们一个升级和拓展自身能力的机会，有助于打开新机遇的大门。

系统

07 算法

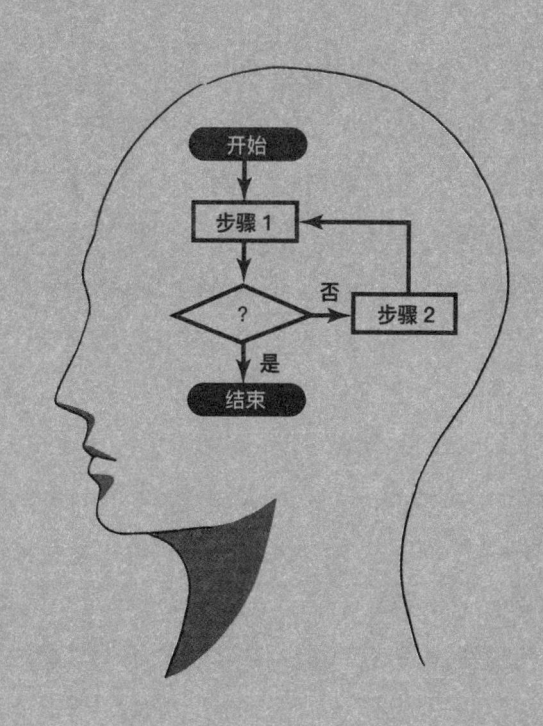

开始
步骤 1
?
步骤 2
否
是
结束

———
成功的秘诀。

算法能将输入转化为输出。学习算法的原因之一是许多系统会对算法做出响应，或根据算法提供的信息进行调整，另一个原因是它能帮助系统扩大规模。一旦确定了解决特定问题的一系列步骤，就不需要每次都从头开始。将算法作为思维模型并不意味着要把生活变成端到端的自动化流程。在这一章，我们将探讨如何利用算法思维预判问题、发现答案。

> "算法"可以说是世界上最重要的概念。如果我们希望了解自己的生活和未来，那就应该尽可能多地了解算法是什么，以及它又是如何与情感相联系的。算法是一组条理清晰的步骤，可用于计算、解决问题并做出决策。算法并非具体的计算，而是进行计算时遵循的方法。[1]
> ——尤瓦尔·诺亚·赫拉利

算法的价值一部分就体现在其流程固有的可预测性上，这也是它受欢迎的原因。我们可以把算法看作一系列明确的条件判断（if-then）语句。在《直觉泵和其他思考工具》一书中，丹尼尔·丹尼特[2]认为"算法是一种特定类型的形式步骤，只要可以'运行'或者开始具现化，就一定能合乎逻辑地产生某种特定类型的结果"。[3]设计精良的算法能一以贯之地产生符合逻辑的结果，这也是其最吸引人的特点。就好比只要将面粉、水和鸡蛋等配料按一定比例混合，美味的蛋糕就新鲜出炉了。

1　Yuval Noah Harari, *Homo Deus: A Brief History of Tomorrow* (New York: Harper Perennial, 2018).

2　丹尼尔·丹尼特（Daniel Dennett, 1942—），哲学家、认知科学家，他以对自由意志、意识、进化和无神论的研究而闻名。现任塔夫茨大学哲学系教授、认知科学研究中心主任。丹尼特在期刊上发表了400多篇关于思维的文章，还出版了多本广受好评的图书。

3　Daniel Dennett, *Intuition Pumps and Other Tools for Thinking* (New York: W. W. Norton, 2013).

丹尼特认为算法具备三个特征。

1. 载体中立性:"程序的力量在于其逻辑架构,而非具现化过程中各种物质材料的因果作用力。"你是在手机上还是在书上阅读食谱并不重要,不会影响算法的逻辑。
2. 潜在无意识:"每个组成步骤及步骤之间的转换都非常简单。"食谱要成为一种算法,就必须明确每种配料的用量,并以清晰的步骤引导读者完成整个过程,确保不存在歧义或误解。
3. 既定的结果:"不论算法具体为何,只要执行无误,就一定能达成其设定的目标。算法是一种'傻瓜'配方。"使用一个好的算法,每次做出的蛋糕无论外表还是味道都一模一样。

算法可以很简单,就像一个食谱,包含一组清晰的指令,不会随着时间的推移而发生变化;也可能很复杂,比如用于预测未来潜在犯罪地点的计算机算法。此外,如果我们将算法的概念外推到人类本身,那么DNA编码的执行及人类学习或许也可以被视为生物算法的产物。

一些算法可以随着时间的推移演化和完善,一些则永远保持不变。根据特定需求,拥有不同类型的算法对于获取维护系统韧性和正常运转所需的信息更有价值。

除了计算机,其他系统的运行也需要算法,即一组用于适应和解决问题的指令。越来越多的算法被设计为方向上正确而非完美。它们的演化(或设计)通常是为了获得足够有用和相关的输出,从而保持系统正常运行。自然界和人类都不会执着于实现永远能产生最佳输出的算法。在观察系统时有必要思考决定其行为的底层指令，以便确定如何对这些指令进行干预并加以完善。

海盗的宪法

当一群人为了共同的目标而合作时，他们需要协调一致的算法，以可重复的方式将输入转化为理想的输出。要让众人朝着同一个目标前进，他们必须明白自己应该如何行动、如何解决问题，以及如何以一贯、可靠的方式做出决策。

要让人们遵守规则制度，就需要适当的激励措施。在这方面通常需要依靠武力威慑，尤其是当人们并非自愿加入或者无法自由离开某个系统时。但是，如果人们自愿选择携手合作，那就可能发展出有利于集体的规则制度，避免领导不公等陷阱。

宪法就是实现这一目标的手段之一，可被视为一种高级算法，用以限制管理者的权力并界定其责任。[1] 它是一种确保领袖为人民谋福利而非满足自身利益的手段。宪法比法律更高一级，决定了法律本身如何运作。宪法集政治、文学和法律于一体，是领袖遇到问题时的指路明灯，也是人民的安心之源。对国家而言，制定宪法往往是一丝不苟的精细过程，要考虑到政治理想的实现。然而，并非只有国家才有宪法。这一概念普遍适用于一切

---

[1] "What Is a Constitution?," Constitution Unit, University College London, June 7, 2019, https://www.ucl.ac.uk/constitution-unit/what-uk-constitution/what-constitution.

需要遵守规则、制衡权力的群体。宪法也并非永远关乎崇高理想，即便没有计划实现新的目标，它也会进行演化。宪法出现的前提仅仅是一群人朝着共同的目标而努力，并为此积极寻求统一的最佳路径。宪法永远不可能完美无瑕，但清晰明确的目标、一以贯之的应用，以及不断进行修改完善的能力可以大幅增加实现预期结果的概率。

在流行文化中，过去的海盗常被描绘成无法无天、野蛮粗鲁的反叛者。他们在公海上横行霸道，不听从任何人的命令，从碰巧驶入其航道的倒霉船只上掠夺金银财宝。实际情况并非如此。要成为成功的海盗，就必须像企业一样对团队进行经营管理。彼得·里森在《海盗经济学》一书中表示，在海盗的鼎盛时期，那些活得最久、最富有的海盗往往会遵守严格的规则，将其汇总成类似宪法的"条款"。[1] 许多海盗的条款出奇地平等。根据查尔斯·约翰逊船长的记录，臭名昭著的威尔士海盗"黑巴特"约翰·罗伯茨针对船员提出了11条规定，其中第一条就是"每个人在重大事务上都享有投票权，对任何时候缴获的新鲜食物或酒水享有平等的所有权，并可随意享用，除非由于物资短缺，为集体之利益，有必要投票决定厉行节约"。约翰逊的身份不详，一些学者认为他其实就是《鲁滨孙漂流记》的作者丹尼尔·笛福。

我们可以将海盗条款视为一种算法，能将体力劳动和资源（如火药）转化为富有价值的掠夺品和金钱。海盗条款的每个细节都必须对利润做出积极的贡献。海盗会选择一切有助于提升利润率的规则，而无视对陆地居民的影响。

1　Peter T. Leeson, *The Invisible Hook: The Hidden Economics of Pirates* (Princeton: Princeton University Press, 2011).

探究 18 世纪初海盗在黄金时代撰写的条款，有助于我们学习群体如何通过算法携手实现共同目标。海盗条款告诉我们，当算法对相关人员不再有效时，需要给算法以一定的适应和改变的空间，在出现问题时要建立修正的机制。受利润至上这一理念的影响，海盗最终设计出了一种远远领先于时代的法律制度，甚至可以说相较同时代的主流社会更加公平。

一个人在选择加入海盗船队时，就相当于放弃了与主流社会的联系，从此成为流动社会的一分子，这意味着他们不再能依托主流法律实现自我保护和治理。正如里森所述："海盗没有政府……没有监狱，没有警察，也没有议会。他们没有大律师或法警，也没有皇家法官。"每艘海盗船平均有 80 名船员，通常都来自不同国家，因此也不能依靠一般的社会关系。[1] 与此同时，海盗之间需要实现无缝合作，确保每个人都全力以赴，有足够的领导力却又不滥用权力。如果他们能克服所有这些障碍，那么回报将是巨大的——海盗的年收入可达商船水手的百倍甚至千倍。因此，他们有强烈的动力制定条款，帮助他们达到发起袭击、应对危险所需的组织水平。[2] 条款的设计初衷是为海盗制定一套可复制的行为模式，从而在袭击另一艘船的高风险情况下减少不确定性。他们无法控制外部因素，比如天气或被攻击船只上船员的行为，但至少可以确保同伴以可预测的方式行事，从而实现利润最大化。

1　James Surowiecki, "The Pirates' Code," *New Yorker*, July 2, 2007, https://www.newyorker.com/magazine/2007/07/09/the-pirates-code.

2　David D. Friedman, Peter T. Leeson, and David Skarbek, *Legal Systems Very Different from Ours* (independently published, 2019).

条款一般要求船员保持武器完好，不在船上赌博，晚上 8 点后不在甲板下喝酒，任何分歧都要在岸上解决。所有这些规定的裨益都显而易见：如果海盗的武器养护不善，那么在控制另一艘船时战斗力就会大打折扣；赌博容易引发冲突，降低合作意愿；在甲板下喝酒会打扰其他海盗休息；在岸上解决分歧则意味着打架不会伤害到旁观者或船只本身。条款还涵盖掠夺物的分配（除了首领分得的更多一些，其他成员都是平均分配）、对表现突出的勇士的奖励（以补偿其额外承担的风险），以及给予因战斗受伤者的赔偿（可以视为当今伤残抚恤金的雏形）。[1] 此外，还会规定对不良行为的惩罚、首领能做和不能做的事情，以及何时需要制定新的规则。[2]

这些都令人印象深刻，但为何一群暴力罪犯会想要自我强加规则呢？因为在那个主流社会并不民主的时代，海盗社会是民主的。执行一套条款需要船上所有人一致同意。这确保了海盗只有在愿意遵守船规的情况下才会选择加入。

如果遇到一位专横的船长私自滥用权力又该如何？海盗对此也有解决办法。船长和军需官只有获得多数选票才能上台，并可以在任何时候以任何理由被船员罢免。每个人都有武器，船长若不愿尊重投票结果，船员会选择反击。由两人分担领导权也能发挥额外的制衡作用：一般由船长指挥战斗，军需官则负责处理日常事务。

---

[1] "Pirate Code of Conduct and Pirate Rules," The Way of the Pirates, accessed February 17, 2020, http://www.thewayofthepirates.com/pirate-life/pirate-code/.

[2] Peter T. Leeson, "An-Arrgh-Chy: The Law and Economics of Pirate Organization," *Journal of Political Economy* 115, no. 6 (2007): 1049–94.

在海盗如何利用严格的制度实现成功方面,郑石氏[1]是一个很好的例子。1775年出生于中国的郑石氏恐怕是有史以来最为成功的海盗。她出身广州一家妓院,在那里遇到了海盗郑一。她同意嫁他为妻,前提是能获得他在红旗帮一半的财富和权力。郑一死后,她接手了一切,成为为数不多的女海盗之一。[2]她一度掌管着七八万名海盗、多达2 000艘船只,规模之大实属非同寻常。[3]相比之下,臭名昭著的海盗"黑胡子"麾下可能从未超过700人,他的船员通常只有几百人。[4]实际上,郑石氏就好比领导了一座漂浮的城市,需要在没有标准法律体系的情况下实现自我管理。毕竟,要是海盗发现船员偷了自己抢来的赃物,那也没法通过报案来寻求"正义"。

郑石氏为所有海盗制定了一套严格的规则,既用于巩固自身权力,也为了确保海盗的成功。在袭击其他船只时,船员不得伤害投降者;未经允许,他们不得踏上陆地,违规两次就会被处死;劫掠船只后必须汇报缴获的所有财物,自己留下的不得超过1/5;逃兵会被肢解。凡是下达未经批准的命令、无故伤害陆地居民、强奸女性俘虏者都会被判处死刑。

---

1   郑石氏(1775—1844),也称郑一嫂,史上最成功的海盗之一,也是仅有的几位女海盗之一。她起初与丈夫郑一共同经营,在丈夫去世后便接管了船队。郑石氏掌管着规模庞大的船队,推行了严格的治理体系,并且最终与清政府谈判达成和平协议,接受招安。

2   Anita Sarkeesian and Ebony Adams, *History vs. Women: The Defiant Lives That They Don't Want You to Know* (London: Faber and Faber, 2020).

3   This is based on the estimates of Richard Glasspoole, a hostage on one of her ships for two months.

4   "Queen Anne's Revenge Conservation Lab," QAR Project, accessed January 13, 2020, https://www.qaronline.org/history/blackbeard-facts.

郑石氏在与清政府谈判，接受招安后，得以带着巨额财富毫发无损地享受"退休生活"。[1]

乍一看，海盗条款的存在似乎有违常理，但鉴于海盗所处的环境，不难看出规则是其成功和生存的必要条件。探究像郑石氏这样的海盗头目如何在高风险的情况下领导大批海盗，可以帮助我们理解算法是如何确保系统内部连贯性的。为了使系统产生符合预期的输出，其各部分的目标需要在大方向上保持一致。这就增加了始终如一地实现可预测结果的概率。

控制人员规模如此庞大的海盗是一个巨大的挑战，郑石氏却能通过执行严格的规则做到这一点。执行力是通过算法这一模型理解郑石氏行为的关键要素。算法的部分定义就是"每次的输入保持一致，每次产生的输出也完全相同"。据称，郑石氏对规则的执行非常稳定，从不破例。海盗所处的世界错综复杂，情况瞬息万变，即便是最严格的规则体系也无法确保每次袭击船只都能实现相同的结果。但她对规则的严格执行大大提高了获得稳定、可靠产出的概率。

寻找高质量的输入

开发算法是为了获得特定的输出。正如前文所述，首先进行输入，然后遵循一个流程，最后就能得到预期的输出。然而有时，哪些输入会产生期望的输出并不明确。因此，使用这一模型的一种方式就是帮助你确定并优化

1　Urvija Banerji, "The Chinese Female Pirate Who Commanded 80,000 Outlaws," Atlas Obscura, April 6, 2016, https://www.atlasobscura.com/articles/the-chinese-female-pirate-whocommanded-80000-outlaws.

一开始的输入。你可以将其视作"算法思维"。你所面对的系统可能并非完全封闭，不足以实现全面的端到端的自动化，但透过算法这一视角，你能学会如何组织系统以尽可能削弱不确定性。

20世纪20年代末，一家公司开发出了一种可重复的工艺流程，用于研制全世界首种广谱抗生素。一战后，科学家对细菌感染有了深入的了解，能够识别出一些引发无法治愈的感染的主要细菌，如链球菌。他们也了解了细菌感染经常发生的方式和原因，例如使用了受污染的工具和仪器。可一旦体内发生感染，人们根本没有办法阻止其进程。人们缺乏的是对细菌本身的理解——它的运作机制及弱点。

以染料生产起步的德国制药巨头拜耳认为，如果能找到一种治疗体内细菌感染的方法，一定能从中获利。有迹象表明，创造出一种具有抗菌特性的物质是可行的。早前的研究发现了一种名为砷凡纳明的药物，可用于治疗梅毒，但在随后的15年里，此方面的科研停滞不前，没有发现任何类似的药物。[1]

在拜耳公司负责制药研究的海因里希·霍利认为，寻找杀菌药物的研究缺乏规模，过于依赖科学家个人。因此，他在拜耳创建了一个工业系统来搜寻可能的抗菌化合物，并雇用了数十人，让每种候选抗生素都经历一遍相同的类算法流程。

---

1   Thomas Hager, *The Demon Under the Microscope* (New York: Harmony Books, 2006).

新数字

当看似平平无奇的标准输入产生了一种全新的输出时，算法就会变得非常有趣。

算法似乎是重复行为引发的必然结果。对大多数人来说，以同样的方式反复做同样的事情注定是索然无味的。因此，我们希望设法将这些重复的行为进行编码，从而简化流程。现代数学在很大程度上就是对数字处理过程进行编码的结果。在计算157×2 693时，你大概率不会直接对2 693做一百余次加法，而是会使用计算器（内含算法编程），或者从7×3开始进行笔算。解读数字发展历史的一个角度是某些数字在经由算法产生之前并不存在，比如负数。虽然负数现在十分常见，尤其是对那些生活在严寒地区的居民来说，但细想一下便会发现，负数这一概念并不直观。很难想象古代人类会看看一群猛犸象想象未来某天种群数量可能会降至负数。平原上可能有10头、2头，再不济是0头猛犸象，但 -5头猛犸象？不太可能。

保罗·洛克哈特在《极简算术史》一书中提出，负数是减法运算的结果。假设你在3 000年前从事农业生产。加法运算表明，如果你有3袋粮食，再买2袋，你就会有5袋粮食。但后来，你决定分给家境贫寒的表弟1袋粮食，那你要做的就是"反加法"，即减法。减法运算本质上是对负数的承认。你有5袋粮食，再加 -1袋粮食。如果你对以上这些过程感兴趣，你就找到了一个引人入胜的问题。

洛克哈特认为："这里的问题是对称性，更确切地说是缺乏对称性。对于加法，无论我有多少，无论再加多少，最后的和都是完全有效的，一定已经存在于数字领域。然而，减法运算则存在限制：减去的数不能超过已有的数。肯定已经有一个数字加3等于5，但（彼时）还没有一个数加5等于3。"负数并非日常生活中常见的数字表现形式，它的出现很可能是受到了减法运算的启发。

从本质上讲，过程可能是这样的：假设在古代，两个值的减法算法是"输入两个不同的整数；从第一个值的数量中减去第二个值的数量"，那么5袋谷物减去1袋谷物就等于4袋谷物。但因为算法并未规定第一个数必须大于第二个数，那完全可以依次输入6和9。结果是什么呢？就是 -3这样一个非直观的概念。

同理，我们也能明白人类怎样发现了无理数。对数字及其特性的研究催生了"平方根"这一概念。如果一个数 x 的平方等于 a，那么 x 就是 a 的平方根，因此 9 的平方根是 3，64 的平方根是 8。我们可以把各种数字输入计算平方根的算法，有些数字的平方根不是整数而是分数，但它们仍然属于有理数。但如果将 2 输入算法（毕竟它是个很容易想到的小数字），你就会得到截然不同的结果——世界上第一个无理数。

---

[1]
Paul Lockhart, *Arithmetic* (Cambridge: Belknap Press, 2017).

托马斯·海格在《显微镜下的恶魔》一书中表示，霍利明白这项研究将耗时数年，但也深知一旦成功便是一本万利的生意。因此，他的目标是"将药物研究从单个科学家的实验室中解放出来，将其扩展为一个组织高效的工业流程，由精心挑选的专家在统一战略的指导下进行"。霍利聘请格哈德·多马克[1]来运作这个"配方"，对化学家创造出的每种化合物采取相同的测试和评估流程，试图找出对人类来说安全有效的抗生素。

多马克带领团队测试了拜耳化学家提供的化合物。其中最多产的化学家之一是约瑟夫·克拉雷，他创造了数百种新的化合物，由多马克及其助手进行系统的测试。每种化合物都针对一组"最常见、最致命的细菌，即肺结核、肺炎、葡萄球菌、大肠杆菌和酿脓链球菌"进行测试。经过一些初步的改进，霍利和多马克创造了"一个运行平稳、可靠的发现机器"。他们对每种化合物都在试管中和动物身上进行了验证。在动物身上，每种化合物都"以三种不同方式（静脉注射、皮下注射和口服）进行输送"。他们细致地记录了每一次试验。

时光飞逝，成千上万只实验鼠因此死去，但他们并未放弃这一流程。"尽管一再失败，多马克也没有改变自己的方法"。团队知道自己的测试方法是正确的，总有一天会出现理想的结果，使得他们能够在其基础上进一步改进输入。

---

[1] 格哈德·多马克（Gerhard Domagk，1895—1964），德国病理学家、细菌学家。多马克因发现抗生素百浪多息（磺胺类药物）而获得诺贝尔生理学或医学奖，这也是有史以来最早的抗菌药物之一，在治疗脑膜炎和肺炎等疾病方面具有革命性的贡献。多马克还帮助开发了皮肤消毒剂苄烷铵，至今仍在广泛使用。

1932年秋，多马克的方法和耐心得到了回报。克拉雷决定将磺胺连接到偶氮化合物上。化合物Kl-695经历了前几年数千种化合物经过的测试流程。史上第一次，流程产生了预期的结果：实验鼠从细菌感染中康复，化合物也没有明显的毒性作用。多马克还不知道作用的机理，只知道它确实起效了。"奇怪的是，这种化合物在试管中并未杀死链球菌，只在活体动物体内才发挥作用。而且它只对链球菌有效，对其他致病细菌一概无效。但鉴于链球菌致病的普遍性和致命性，这一发现依然具有巨大的价值。"有趣的是，在Kl-695的首轮测试期间，多马克正在度假，因此错过了这突破性的一刻。但彼时，整个流程已经非常完善，团队中的每个人都能熟练操作。

化合物Kl-695的发现使拜耳的研究团队得以改进他们在测试算法中的输入。"克拉雷对Kl-695进行了改进，发现只要磺胺附着在偶氮染料[1]框架的正确位置上，药物就能有效对抗链球菌。将磺胺附着在任意偶氮染料上都会将其从一种不稳定且无效的化合物转变为有效的抗链球菌药物。"他们不断改进输入，以期发现更有效的偶氮磺胺化合物，其中就包括后来的Kl-730。

但他们没有意识到关键并不在于偶氮－磺胺的组合，而是磺胺本身。后来的研究证实了磺胺治疗链球菌感染的有效性。从结构上看，磺胺很像对氨基苯甲酸，这是一些致病细菌（如链球菌）所需的关键营养物质。细菌误将磺胺当作对氨基苯甲酸，与其结合后又无法代谢，因此死去。磺胺廉价易得，

---

[1] 偶氮染料指偶氮基两端连接芳基的一类有机化合物，是在印染工艺中应用最广泛的一类合成染料。——译者注

所以拜耳生产的磺胺抗生素一经上市,许多公司就纷纷跟风生产同类药品。

类算法方法帮助拜耳发现了磺胺的抗菌特性,由此产生了广泛的影响。海格写道:"磺胺也改变了药物研发的方式。在磺胺类药物问世之前,小型实验室都是跟着研究人员的直觉走,专利药品生产商则是在未经测试的情况下拼凑出各种疗法。而在该药物问世之后,以特定治疗目标为导向的工业规模化学研究,即由霍利和他在拜耳的团队开创的新药发明系统成了行业标准。成功的制药商都遵循了拜耳的模式。"拜耳继续使用一种尽可能将流程编码的系统,发现了许多有用的抗生素。

即便不确定何种输入能产生你想要的结果,拥有正确的算法也总能有所帮助。通过在一个可重复的流程中测试各种输入,你可以利用测试结果来改进输入内容。你无须永远知道答案,只需要有一个好的算法来帮助你找到答案。

结论

本质而言,算法就是一套提供行动指令的明确规则。我们也可以将其视为一种条件判断流程,可以帮助我们忽略无关紧要的变量,转而专注于需求。算法这一模型提出了一种思考方式,可用于探究应该设定哪些流程以帮助我们获得想要的结果。

配套理念一
复杂适应系统

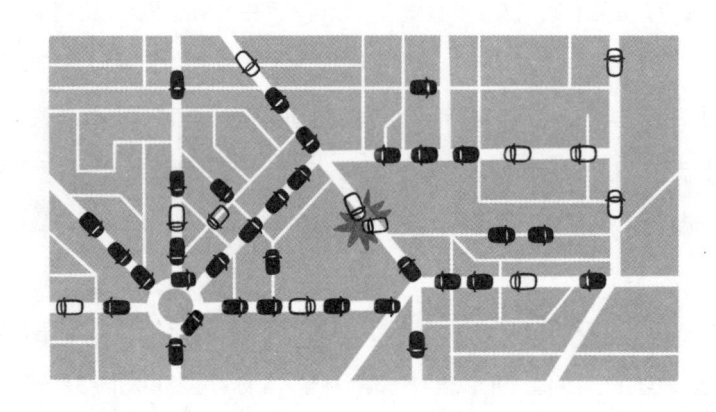

通常，学界会将复杂系统（实体遵循既定规则的系统）与复杂适应系统（实体内部会进行适应的系统）区分开来。如果实体能够适应，那么系统就更有能力来应对环境的变化。[1]
——斯科特·E.佩奇

有些系统很简单，没有适应能力。你可以通过了解各个组成部分来了解其运作机制。它们不会根据环境的变化而变化。比如一块普通的怀表，你可以拆开来了解其工作原理。不管周围发生了什么，它都会在一定限度内保持同样的工作状态。

复杂适应系统则具有整体大于部分之和的特性。你无法通过研究各个组成部分理解复杂系统，组件可能很简单，但会以不可预测的非线性方式相互作用。一些基本规则会保障各部分在没有集中控制的情况下进行自我组织。各部分之间相互作用和传递信息的方式造就了其复杂性。系统对环境的响应和对目标的追求使其具有适应性。[2] 复杂适应系统保有"记忆"，会受到之前发生的事件的影响。

城市交通就是复杂适应系统的一个例子。虽然每辆汽车都可以说是一个简单的系统，因为其运作机制就是所有部件协同发力的必然结果。但观察一下汽车间的相互作用便可发现其具有非凡的自我组织能力，车辆会根据环境信息改变自身行为。只关注一辆车并不能帮助你了解整个系统，因为重要的是它们之间的相互作用。

在《复杂》一书中，梅拉妮·米歇尔将复杂系统定义为"由没有中央控制、仅有简单运行规则的大型组件网络构成，会产生复杂的集体行为、进行精密的信息处理，并通过学习或进化进行适应"。[3]

在复杂适应系统中，各个组成部分彼此相互依赖，可以直接或间接地影响整个系统的行为。一辆车如果在主干道上抛锚，城市其他地方的交通可能因此产生连锁反应。各部分之间的相互作用放大了微小变化带来的影响。

在一个复杂适应系统中，我们永远不可能只做一件事。[4] 任何时候，只要我们进行干预，就几乎必然会引发意外后果。在试图改善一个复杂适应系统时，我们往往会因为高估自己的控制能力，最终弄巧成拙。

面对复杂适应系统，我们既不能指望它受可预测规则的支配，也不能指望通过研究微观来理解宏观。要处理此类系统，我们需要对非线性和意料之外的情况泰然处之。

复杂适应系统的另一个可能令我们措手不及的特点是，它具备学习能力，可以根据新信息做出改变。假设有一个预测流感在人群中传播情况的模型，它需要预见人们会改变自己的行为。一旦听闻流行病的警告或目睹他人染病，人们接种疫苗的意愿或许就会大大增强。[5]

我们仍然可以从复杂系统中学习，只是要谦逊并使用科学方法。我们不能把相关性误作因果性，

应该始终保持开放的态度，了解更多有关系统的知识，并接受它必将发生变化的事实。昨天的经验或许能指引今天的我们，但也可能明天就会失效。我们不能因为系统复杂就知难而退。从外部观察，复杂适应系统看似十分混乱，但它往往会在略显无序时发挥最佳作用，因为适当的混乱会引发突变和实验。从长远来看，偏差往往会被抵消，形成更加连贯的运作模式。

将对复杂非线性系统的局部研究拼凑在一起并不能帮你很好地了解系统整体的行为。[6]

——默里·盖尔曼

1
Scott E. Page, *Diversity and Complexity* (Princeton: Princeton University Press, 2011).

2
Serena Chan, "Complex Adaptive Systems," MIT, November 6, 2001, http://web.mit.edu/esd.83/www/notebook/Complex%20Adaptive%20Systems.pdf.

3
Melanie Mitchell, *Complexity: A Guided Tour* (New York: Oxford University Press, 2011).

4
Garrett Hardin attribution from *Living Within Limits*.

5
Nate Silver, *The Signal and the Noise: The Art and Science of Prediction* (London: Penguin, 2013).

6
Joachim P. Sturmberg and Carmel M. Martin, *Handbook of Systems and Complexity in Health* (New York: Springer, 2013).

系统

08 临界质量

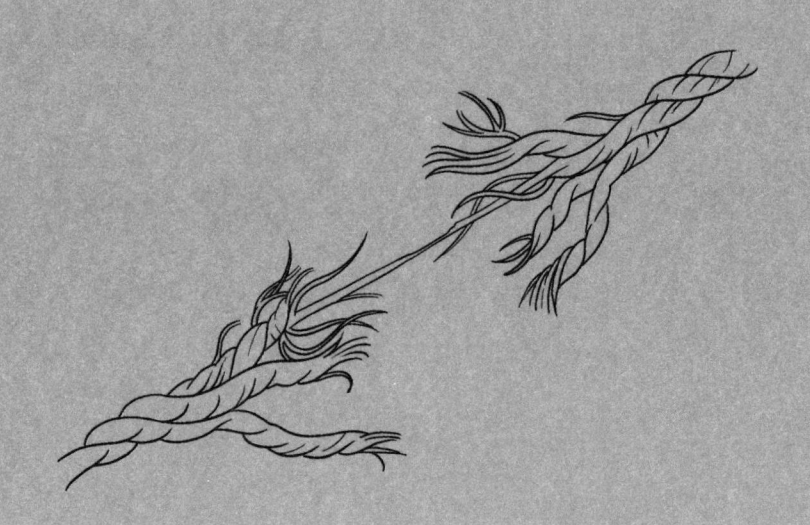

达到临界质量。

当一个系统即将从一种状态转变为另一种状态时，它就成了临界系统。状态转变前的最后一个输入单位会产生更大的影响，相当于压垮骆驼的最后一根稻草。在达到临界质量之前，骆驼尚且可以承受其所需背负的重量。接着，当重量超过了临界值时，任何额外的重量都会造成灾难性的后果，最后一根稻草就将骆驼转变成了另一种状态。一旦系统超过某个临界值，进入临界状态，只需一个微小的推力就能改变它。

当系统从一种状态转变为另一种状态时，我们就说它达到了临界质量（也称为临界点）。在社会系统中，临界质量往往是指当足够多的人接受了某种事物，比如某种信仰或产品，其增长就可以持续下去。在 1978 年出版的《微观动机与宏观行为》一书中，博弈论专家托马斯·谢林[1]写道："这类行为通称为'临界质量'。社会科学家从核工程学中借用了这个术语，其原意与原子弹有关。"[2]

一个系统达到临界质量所需的能量并不固定。不同系统的特性不尽相同，因此从一种状态转变为另一种状态所需的输入也有所不同。

当水热到足以从液态变为气态时，它就达到了临界质量。211 华氏度和 212 华氏度之间存在本质的差异，因为一个是沸点，另一个则不然。在商业领域，达到临界质量是指企业的营收足以支撑脱离外部投资，或者公司

---

1 托马斯·谢林（Thomas Schelling, 1921—2016），经济学家。谢林与罗伯特·约翰·奥曼（Robert Aumann）因将博弈论应用于社会、政治和经济问题的研究，共同获得了 2005 年的诺贝尔经济学奖。事实证明，他们对冲突与合作的见解对国际维和行动具有宝贵的价值。

2 Morton Grodzins, "50 Years Ago in Scientific American: 'Metropolitan Segregation,'" *Scientific American*, September 18, 2007, https://www.scientificamerican.com/article/50-years-ago-in-scientificamerican-white-flight-1/.

的财务增长能够一直自我维系下去之时。在流行病学中，达到临界质量则指人群中接种疫苗的人数多到足以防止传染病传播给无法接种疫苗的易感人群之时。

使用临界质量作为模型可以帮助我们理解实现持续变革所需付出的努力。系统具备特定的拐点，一旦触及，便会从一种状态转变为另一种状态。只关注临界点，而忽视将系统带入临界点所需的努力是无济于事的。因为使系统进入新状态的输入往往不是线性增加的，状态改变前的最后一个投入单位会产生格外大的边际影响，给我们留下的印象会格外深刻，影响也格外深远。但是，只有当骆驼的负重已经很大时，稻草才会压垮骆驼。在任意时刻将一根稻草放在骆驼背上并不总能产生同样的效果。

临界质量这一模型也有助于我们确定系统中哪些部分是我们推进变革时需要重点关注的对象。例如，在社会系统中，我们不需要花费同样的精力去改变每个人的想法；相反，我们可以把精力集中于改变意见领袖的想法，从而更快地推进变革。

处于临界状态的系统往往并不稳定，但这种状态不会持续太久，因为它们很容易进入另一种状态。[1] 有必要深入了解什么可能成为最后一根稻草，并识别系统何时处于不稳定的边缘。一支立着的铅笔可能看似处于平衡状态，但只要稍有干扰，它就会倒下，因此它其实并不稳定。[2]

1　Allen Downey, "Self-Organized Criticality and Holistic Models," February 24, 2012, http://allendowney.blogspot.com/2012/02/self-organizedcriticality-and-holistic.html.

2　Steven H. Strogatz, *Sync: How Order Emerges from the Chaos in the Universe, Nature, and Daily Life* (New York: Hyperion, 2003).

奥弗顿之窗

以天为单位,人们的想法并不会发生很大的变化。很少有人会一觉醒来就决定彻底改变对某个问题的看法。但长远来看,在几十年间,主流思想会发生天翻地覆的变化。边缘思想会变成主流思想,而过去的主流思想又会被边缘化。要理解这一现象,不妨了解一下"奥弗顿之窗",这是约瑟夫·奥弗顿在20世纪90年代为麦克金纳克公共政策中心工作时提出的一个概念。

奥弗顿之窗指的是政治家认为可以作为政策提出的思想范围。超出这个范围的理念无论多好,都无法获得广泛支持。因为这些想法过于极端,不适合当前的环境,最好不要提出,以免影响连任。随着时间的推移,奥弗顿之窗也会逐渐发生变化。一些政客可能会有意提出一些离经叛道的观点,让"窗口"进一步扩大,从而使较为温和的观点更容易为他人接纳。

思想的发展顺序是:不可想象的→激进的→可接受的→明智的→受欢迎的→政策。[1] 例如,妇女选举权运动改变了奥弗顿之窗的窗口大小,使妇女参与投票的想法从不可想象的变成了实实在在的政策。如今,提出不让妇女参与投票恐怕才是不可想象的。

政治家必须优先考虑奥弗顿之窗而非他们的个人信仰。[2] 但务必谨记,奥弗顿之窗并不具有普适性。一个国家的保守政治立场放到另一个国家可能会被视为自由主义。

"奥弗顿之窗"这一概念的价值在于,它帮助我们认识到态度和观点并非一成不变。我们今天认为可以接受的事情,未来的某一天可能就会变得不可接受;如今被认为古怪的边缘想法,有朝一日可能会成为主流。

[1] Rutger Bregman and Elizabeth Manton, *Utopia for Realists and How We Can Get There* (London: Bloomsbury, 2018).

[2] Nathan J. Russell, "An Introduction to the Overton Window of Political Possibilities," Mackinac Center for Public Policy, January 4, 2006, https://www.mackinac.org/7504.

改变所需的努力

临界点的故事大众都喜闻乐见。回顾那些在过去引发一连串变化的标志性案例或个人行动,我们不禁会思索,如何才能重现历史,将当前的系统推向崭新的状态?然而,临界质量这一思维模型提醒我们,同样重要的是关注积累过程中需要付出的努力。

1893年9月,新西兰成为第一个给予大多数成年妇女议会选举投票权的自治国家。美国妇女要等到27年后才能获得这项权利,英国也要再过25年。关于新西兰妇女拥有选举权,需要了解的重要一点是,这绝非突如其来的变化,即使从宏观来看似乎如此。经过许多人多年的努力,奥弗顿之窗徐徐打开,直到有足够多的人认为妇女参与投票合情合理,才终于将选举体系推入了一个新的状态。

甚至早在妇女选举权运动正式开始之前,新西兰社会一些不同寻常的特征和历史事件就为选举制度的变革奠定了基础。[1] 许多居民是近几十年才到新西兰定居下来的,他们希望打造一个比他们逃离的欧洲社会更加公平的社会。[2] 因为新西兰人口很少(1893年仅有不到75万人)[3],所以只需改变较少人的思想就能达到临界质量。该运动很早就得到了不少知名男性政

1　"Women and the Vote," NZ History, Ministry for Culture and Heritage, December 20, 2018, https://nzhistory.govt.nz/politics/womens-suffrage.

2　Katie Pickles, "Why New Zealand Was the First Country Where Women Won the Right to Vote," *The Conversation*, The Conversation Trust UK, September 19, 2018, https://theconversation.com/why-new-zealand-was-the-firstcountry-where-women-won-theright-to-vote-103219.

3　"NZ in the 19th Century," New Zealand History, New Zealand Government, December 11, 2019, https://nzhistory.govt.nz/classroom/ncea3/19th-centuryhistory-1870–1900.

治家的支持,他们的支持有助于赋予妇女选举权的法案在议会中获表决通过。

在新西兰,妇女获得平等的受教育机会是促使舆论转变达到临界质量的另一大关键因素。在教育家利尔蒙思·达尔林普尔[1]的推动下,女孩终于能和男孩接受相同的中等教育,第一所女子学校于1871年开学。[2]也是在达尔林普尔的努力下,女性能够进入大学就读,到1893年,女生人数已占大学生总数的一半。[3] 受教育程度的提高改善了妇女的就业前景,她们不再局限于传统家庭妇女的角色。越来越多的女性在接受更好的教育后选择进入劳动力市场,在教育、新闻、医学和艺术等领域获得了社会影响力。当新西兰妇女面临比男子更恶劣的工作条件时,她们开始组织工会。

在许多方面,新西兰的妇女选举权运动与禁酒运动相互交织。19世纪,酒精在许多国家成为日益严重的问题,它引发了贫困、暴力和犯罪,也使很多家庭支离破碎。对新西兰人而言,酗酒对从事农业、海事和工业的男性危害尤为严重。[4] 与其他许多国家一样,据报道,许多男性甚至在周末回家之前就把工资都花在买酒上了,留下妻儿无依无靠。在酗酒盛行的年代,由于女性往往受害最深,她们在禁酒运动中颇具影响力。

---

[1] 利尔蒙思·达尔林普尔(Learmonth Dalrymple, 1827—1906)为新西兰妇女争取获得更好的教育机会开展了广泛的运动。她的工作促成了奥塔哥女子中学的创立,以及新西兰大学女性的录取。此外,她积极参加争取妇女选举权的运动和禁酒运动。

[2] "Dalrymple, Learmonth White," Te Ara—The Encyclopedia of New Zealand, Ministry for Culture and Heritage Te Manatu Taonga, accessed May 26, 2020, https://teara.govt.nz/en/biographies/1d2/dalrymple-learmonth-white.

[3] Patricia Grimshaw, *Women's Suffrage in New Zealand* (Auckland: Auckland University Press, 2013).

[4] "Temperance Movement," NZ History, Ministry for Culture and Heritage, March 13, 2018, https://nzhistory.govt.nz/politics/temperance-movement/beginnings.

少数人的意见

有时,想法会在短时间内发生重大改变。虽然这种转变看似发生在一夜之间,但真实情况是,在持有同一观点的人数达到临界质量之前,变化相当缓慢。有趣的是,实现转变、最后让几乎所有人改变自己的观念并不需要一开始就争取到大多数人的支持。一旦意见领袖接纳了某种观点,它就更容易传播开来,因为不接纳的人会面临负面结果。以说服意见领袖改变观念为目标可以加速达到临界点的过程。

伦斯勒理工学院的研究人员认为社会变革所需的人口比例为 10%。他们指出,无论网络是何种类型,结果都是如此。[1] 然而,其他研究表明这个比例实际上高得多,大约 25% 的人口比例是临界点。

过了这个临界点,少数人的观点就会取代普遍的共识。研究人员认为,这是因为大多数人并不像自己想象的那样立场坚定,也就是说,人们很容易受周围人的影响,跟风改变观念。25% 这一比例可能会上下浮动,取决于改变观点涉及切身利益的多寡,以及寻求变革的少数群体有多大的社会影响力。[2]

[1] "Minority Rules: Scientists Discover Tipping Point for the Spread of Ideas," ScienceDaily, July 26, 2011, https://www.sciencedaily.com/releases/2011/07/110725190044.htm.

[2] Ed Yong, "The Tipping Point when Minority Views Take Over," *Atlantic*, June 7, 2018, https://www.theatlantic.com/science/archive/2018/06/the-tipping-point-when-minority-views-take-over/562307/.

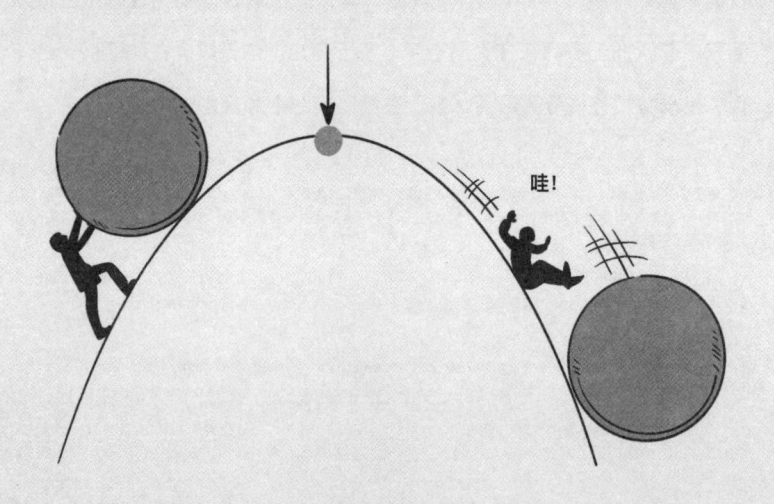

马德琳·波拉德

开创性的法院判决往往是重大社会变革最显著的标志。它们可能看似突如其来且富有戏剧性,但其实往往是观念变化缓慢积累到终于无法忽视的结果。马德琳·波拉德(Madeline Pollard)与国会议员威廉·C. P. 布雷肯里奇(William C. P. Breckinridge)的法律纠纷就是这样一个引人注目的案例。

1894 年,波拉德起诉布雷肯里奇违背承诺,要求其赔偿 5 万美元。此案引起了全美的广泛关注,波及范围远远超出两位当事人,一场广泛的社会变革正酝酿其中,而正是这场变革使广大妇女很快获得了投票权。

两人相识时,波拉德还只是一名父母双亡的 17 岁学生,孤苦无依。布雷肯里奇则比她年长 30 岁,是一位成功的政治家。他们开始了一段漫长的婚外恋,在此期间,布雷肯里奇提供经济支持,波拉德为他诞下两个孩子,但他们随后又遗弃了孩子。波拉德原以为布雷肯里奇会娶她,结果却发现一切不过是个谎言。[1] 她决定提起诉讼,尽管就在几年前,妇女在类似的案件中几乎是被嘲笑出法庭的。[2] 审判过程极其残酷恶毒,媒体争相大肆报道。[3] 但波拉德最终打赢了官司,这场胜利开创了一个重要的先例,凸显了当时社会的双重标准。虽然我们可以将此案视为一个转折点,但它其实是意见不断变化累积,终于达到临界质量的结果。[4]

[1] Patricia Miller, "How to Arrange an 1890s-Style Shotgun Wedding," Literary Hub, November 15, 2018, https://lithub.com/how-to-arrange-an-1890s-style-shotgun-wedding/.

[2] Melba Porter Hay, *Madeline McDowell Breckinridge and the Battle for a New South* (Lexington: University Press of Kentucky, 2009).

[3] Anna Diamond, "The Court Case That Inspired the Gilded Age's #MeToo Moment," Smithsonian.com, November 1, 2018, https://www.smithsonianmag.com/arts-culture/court-case-inspired-gilded-age-me-too-movement-180970538/.

[4] Gail Collins, "A Predatory Congressman, His Jilted Lover and a Gilded Age Lawsuit That Foreshadowed #MeToo," *New York Times*, December 19, 2018, https://www.nytimes.com/2018/12/19/books/review/patricia-miller-bringing-down-the-colonel.html.

虽然禁酒运动在新西兰并未达到全面禁酒的目的，但至少为妇女构建了政治参与的框架。除了成立工会，它还使女性相信，只要她们能召集足够多的人、有明确的目标、足够专注，她们就能发挥影响力。正如帕特里夏·格里姆肖在《新西兰妇女选举权》一书中所述："在实践方面，妇女从中学会了组织、管理和领导的艺术，这些都能在此后她们自己的权利运动中发挥作用。在意识形态方面，妇女进入了一种新的状态。全新的关于自身基本权利的观念迅速发展，促使她们以拥有妇女的全部权利为目标。"

基于新西兰建国以来不断发展的社会变革，凯特·谢泼德[1]领导的妇女选举权运动将所有这些努力推向了高潮。19世纪90年代初，谢泼德组织了数次支持妇女投票的请愿活动，并将请愿提交给议会。尽管出师不利，但运动并未偃旗息鼓，每年获得的支持越来越多。到1893年，请愿书上已收集到32 000个签名，鉴于彼时该国人口稀少，这一数字更显难能可贵。经过无数次尝试，法案以微弱优势获得通过。舆论的变化已经达到临界质量。

妇女在新西兰获得投票权也有助于激励和鼓舞其他地区开展类似的运动，因为这表明更广泛的选举权完全可以实现。二战后，妇女的政治解放运动席卷全球，成为社会进步的显著标志。一旦越过临界点，系统的性质就会彻底发生变化，从此发展出新的特性，孕育出新生事物。而新西兰就成了其他国家争取妇女选举权的那个临界点。

回首重大的社会变革，我们必须认识到达到临界质量所需的积累工作是十

1　凯特·谢泼德（Kate Sheppard, 1848—1934），新西兰妇女选举权运动的领袖和终身活动家。谢泼德认为社会的任何领域都不应禁止妇女参与，她后来还参与了世界其他地区的妇女选举权运动。为纪念其伟大成就，自1993年以来，她的肖像就一直被印在10新西兰元的纸币上。

分重要的。在新西兰，妇女获得投票权是多年来在不同领域努力培养改变舆论所需的能力的结果。随着有关妇女投票的社会规范发生变化，这场运动获得了必要的临界质量，议会中的请愿就成了"最后一根稻草"，最终催生出一个新的状态。

临界质量这一思维模型告诉我们，改变系统并不需要改变它的一切，只需改变其中一小部分，就能让整个系统进入新的状态。让人们改变信念并不意味着要说服所有人，一旦越过临界点，改变就会自然而然地发生。

有机城市

在核物理学中，临界质量是指启动自我维持反应所需的最小数量的裂变物质。你可以把铀堆积起来，但在达到足够高的密度之前，什么也不会发生。促使核反应从惰性变为活性的原因并不新奇，只是多了一点点铀而已。更有趣的问题是，需要多少铀才能启动反应，使其在没有进一步投入的情况下也能自我延续下去？因此，临界质量这一视角同样适用于我们希望产生自我维持反应的其他情形，例如城市发展。

城市是一个复杂的系统，在这个系统中，规划者往往会错误识别创造足够密度以产生自我维持的互动所需的要素。[1] 在城市中，产生互动的不是基础设施的数量，而是其布局方式。一座城市需要一定数量的互动才能实现良好运转，并满足居民的需求。一座城市要想变得安全、有趣、繁荣、创新，

1　Christopher Alexander, *A City Is Not a Tree* (Portland: Sustasis Foundation, 2015).

关键并不在于建筑或街道，而是在于基础设施如何促进人与人之间的互动和关系。

简·雅各布斯[1]在《美国大城市的死与生》一书中详细描述了如何在城市中实现互动的自我维持，以及这种互动为何重要。她认为，倘若把城市的各个部分孤立开来，我们就会忽略它们所发挥的相互关联的诸多功能。例如，"人行道本身一无是处，不过是一个抽象的概念。它只有与建筑物及其他用途相近或者相邻的其他人行道相结合时才有意义"[2]。

人行道及其使用者共同形成的系统能为其所在区域增添安全性和趣味性。如果人行道的周围是活跃的多用途区域，比如住宅、咖啡店、商店等，那就能持续获得关注，也总会有人经过。这些路人无须互相认识，甚至无须相互交谈，只要他们能看见彼此，意识到自己在观察别人，也在被他人注视便足矣。雅各布斯写道："这种注视的基本要求是，在一个地区的人行道周边散布着大量的商店等公共场所，尤其是夜间开放的公共场所。"

正是人与人之间的相互影响确保了人行道的安全，限制了反社会行为的出现。正因人们知道有人正在或可能在注视着他们，行为才会有所收敛。任何反社会行为一旦发生，就很有可能被旁观者迅速制止。尽管随时有人会报警也能起到一定的震慑作用，但一个受社会规范制约的无组织有机控制系统要比动用警察来得更加直接和有效。

---

1 简·雅各布斯（Jane Jacobs, 1916—2006），城市规划领域杰出且激进的人物。她的第一本书《美国大城市的死与生》(*The Death and Life of Great American Cities*) 反对主张多功能、多用途的正统规划。她还发起了一场运动，反对打着"清除贫民窟"的幌子摧毁活跃社区的行径。

2 Jane Jacobs, *The Death and Life of Great American Cities* (New York: Random House, 1961).

要理解为何有时社区治安会出现问题，就需要把人行道看作城市系统的一部分，而非一块冰冷的混凝土。它需要超过一定数量的互动才能运转。夜间走在酒吧林立的街道上，要比走在一条两侧商店下午5点就关门的马路上更有安全感；走在经过很多人家的主干道上，要比走在只有几扇窗户可见的小巷中更有安全感；走在人头攒动的大街上，要比走在警察守卫的空旷街道上更有安全感。从属于自我维持互动系统的人行道会让人更有安全感。在不同时间、出于不同目的使用人行道的人越多，其作为安全空间的功能就越强大。在城市以外也是如此，但在城镇或农村地区，与安全有关的因素可能更多。

正是这种"人行道使用的复杂性，带来了一波又一波的关注"，使得一个地区生动而有趣，从而成为令人向往的目的地。活跃引发了更大程度的活跃。许多人使用一个区域会带来经济效益，从而吸引更多的企业，尤其是更特殊和专业化的企业，而这反过来又会进一步吸引更多的人前往。

视觉活动往往抓人眼球。我们喜欢凑热闹，也爱旁观他人的生活，因此人群会吸引更大规模的人群。旁观者会吸引更多表演者，因为能提升一个区域的安全性，而表演者会吸引更多旁观者，因为能给一个区域增添趣味性。这是一个依赖于无数次使用和交互的反馈回路。

我们对一座城市的体验还与它同其他人建立的关系息息相关。同样，互动也极为重要。社会隔绝和缺乏隐私都是城市中的风险。在一座设计不佳的城市里，个体可能一整天都要面对上述两种情况。理想情况下，我们更倾向于那些能在可控范围内与他人互动的空间。在《幸福的都市栖居：设计与邻人，让生活更快乐》一书中，查尔斯·蒙哥马利表示："最丰富的社会环境是那些我们可以随意相互靠近或分开的环境。它们规模的扩大并非突如其来，而是循序渐进，从私人到半私人领域，再到公共领域；从会议室、客厅到门廊，再到社区乃至城市。"[1]

一个既能让个体调节互动程度，又能容纳各类使用者的环境就是广场。作为城市的标配，广场有大有小、功能丰富，人们可以在此会友或约会、在路边咖啡馆享用咖啡、观看街头表演、遛狗或带娃、参加抗议活动，抑或与陌生人交谈。周围熙熙攘攘的人群确保了安全性和趣味性。在此约会或者与陌生人交谈都很有安全感，因为周围人多，万一出事，他们也会发现。而且，和朋友聊天或者在笔记本上写写画画也不会被打扰，因为没人会特别在意你，尤其是在活动如此丰富的场景下。

空间本身并不能创造这样的环境。过于宽敞的广场会让人觉得太过空旷、毫无安全感，反倒不受欢迎。一个受欢迎的广场必须在足够小的空间内设置足够多的活动和趣味性，以创造自发、持续互动所需的密度。

斯特罗格特街是哥本哈根的一个步行街网络，始建于20世纪60年代，目的是将城市的重心从汽车转向行人和自行车。在该地区禁止汽车通行引起了很大的争议。鉴于丹麦气候寒冷，咖啡文化也不盛行，人们很难相信丹麦人会愿意利用公共场所社交。

---

1 Charles Montgomery, *Happy City: Transforming Our Lives through Urban Design* (London: Penguin, 2015).

但如今，斯特罗格特街已然热闹非凡，每年圣诞节前的最后一个周日会迎来全年的旅游高峰，大约 12 万人会冒着丹麦冬季的严寒前来游玩。

斯特罗格特街之所以成功，是因为它娱乐形式多样，因此人来人往、趣味性强。它促进了城市运转所需的互动，从而满足了人们对心理安全和可控社交的需求。步行和骑行者会途经此处，购物者既会光顾奢侈品店也会光顾连锁店，游客会前往剧院或教堂，街头表演者与和平示威者一样吸引着观众。人们或落座于街边咖啡馆，或漫步于街头，吃着路边小吃。这里还有供游客参观的博物馆和美术馆。[1] 人们之所以不顾严寒也要奔赴斯特罗格特街，是因为这里有太多值得一去的地方。

此后，建筑师扬·盖尔[2] 将斯特罗格特街的模式推广至哥本哈根的其他地区及世界各地的其他城市。由于认识到熙熙攘攘的公共空间是诸多因素以一定密度汇聚而成的产物，哥本哈根得以催生出一种新的街头文化。街头文化并不是某些文化特有的，关键是要有适合其发展的空间。必须保持一定程度的互动，才能确保空间以自我维持的方式运转下去。建筑应当隐身，因为重点在于人，在于激发人的最佳品质。

基础设施不能徒有其表，它需要促进一定数量的互动并为之提供便利，这就解释了为何有些从零开始的城市设计和建造问题重重。倘若首先关注的

1　"Strøet - The World's Longest Pedestrian Street – Copenhagen - Copenhagen Visitors," Copenhagen, accessed February 3, 2020, https://www.copenhagenet.dk/cph-map/CPH-Pedestrian.asp.

2　扬·盖尔（Jan Gehl, 1936—），建筑师兼顾问。长期以来，城市建设一直以汽车为中心，盖尔则专注于为人而建。他是盖尔建筑事务所的创始人，其作品重新构想了公共空间的潜力。他最突出的贡献之一是开发了斯特罗格特街，可参见他撰写的《公共空间·公共生活》一书。盖尔还参与了伦敦和纽约的城市设计项目。

是基建，仅仅考虑建造房屋、商店和街道等必备设施，那就会大大增加城市无法良好运转的可能性。更确切地说，基础设施的设计需要促成互动达到临界质量，而这往往是规划型城市容易忽略的一点。规划型城市可能会试图减少这些互动，因为设计师认为这纯属浪费时间，也可能是为了阻止一切有组织的行动。

规划型城市通常将工作场所和住宅等不同功能分隔开来，忽视了混合用途区域的益处，而这才是自然城市的标配。表面上看，城市规划令一切井然有序，也令人愉悦，但它无法促进城市所需的互动。居民普遍希望就近获取资源，从而减少通勤时间，增加用于人际交往的时间。

相比单一功能的隔离区，住宅与商业元素相结合的混合用途区域能产生更多互动。规划型城市可能会将机动车道与人行道隔离开来，将驾车和步行视为不同的活动。但这样一来，行人就无法叫到出租车，难以将两种功能结合起来。

巴西利亚建城于 20 世纪五六十年代，旨在取代里约热内卢成为巴西的首都。建筑师奥斯卡·尼迈耶和城市规划师卢西奥·科斯塔从零开始，精心打造了这座乌托邦式的城市。从外观上看，巴西利亚是令人惊艳的世界文化遗产。从空中俯瞰，它的布局犹如一只飞翔的鸟。但作为居住地，其功能却不尽如人意。

巴西利亚的各个区域都设有明确的用途：人们居住在一个地方，工作在一个地方，购物又得去另一个地方。没有混合用途区域，也没有满足行人的需求，城市就无法形成街头文化。由于缺少供人交往的区域，社区普遍缺乏凝聚力。巴西利亚的网格布局所打造的视觉秩序并未转化为良好的城市功能。

巴西利亚的一切都是按照类似规格新建的现代化建筑，但城市其实需要不同年代、不同质量的建筑，以满足不同收入水平人群的需求。尽管巴西利亚同其他城市一样需要廉价劳动力，但建筑师和设计师并未规划廉价住房。[1] 因此，城市周围涌现出一些非官方区域，为贫困居民提供住所。只有偏离规划，它才能真正运转起来。[2]

因此，尽管巴西利亚与典型城市的组成部分别无二致，但这些部分并不能促进互动。它的设计者似乎认为基础设施的布局与城市功能无关。实际上它至关重要，因为良好的布局能确保互动达到临界质量，使城市得以适应和发展，满足居民的需求。

结论

"临界质量"这一思维模型让我们了解到系统状态改变所需输入的原材料数量。我们可以将输入分为互动、联系和努力。当累积的输入足够多时，系统就会达到临界点。坚持下去就能实现可持续的改变。以临界质量这一视角看待你希望予以改善的情况，有助于发现需要改进的设计元素和需要额外付出努力的地方。

---

[1] Jordi Sanchez-Cuenca, "Uneven Development of Planned Cities: Brasília," Smart Cities Dive, Industry Dive, accessed February 3, 2020, https://www.smartcitiesdive.com/ex/sustainablecitiescollective/uneven-development-plannedcities-brasilia/121571/.

[2] James C. Scott, *Seeing Like a State* (New Haven: Yale University Press, 1998).

系统

09 涌现

没有组织者的组织。

在宏观尺度上观察系统，有时它会呈现出在微观尺度上所不具备的能力。这就是所谓的"涌现"，即系统作为整体的运行方式无法通过观察其组成部分加以预测。正如亚里士多德在几千年前所述："整体会超越部分，而不仅是部分之和。"[1]"涌现"这一思维模型告诉我们，新的能力往往由看似无关紧要的元素塑造。

> 分析自己的目的地和所在地并无意义，你仍然是一头雾水，但回首自己来时的路，它似乎呈现出了一定规律。利用这一规律向前推演，说不定就能有所发现。[2]
> ——罗伯特·M.波西格

对于具有涌现特性的系统，我们无法通过逐一拆解来加以理解。一个例子是白蚁蚁丘。一只白蚁力不能支，但一两百万只白蚁团结合作，就能建成一座高达17英尺[3]的复杂土丘，这需要每年移动一吨土壤和数吨水。[4]在没有领导者指挥的情况下，白蚁可以建造通风和冷却系统、储藏室、真菌花园和蚁后专用的住所。[5]

涌现非强即弱。弱涌现所在系统的功能一般都基于清晰的规则，我们可以

1　Ratcliffe, *Oxford Essential Quotations* (Oxford: Oxford University Press, 2018).

2　Robert M. Pirsig, *Zen and the Art of Motorcycle Maintenance: An Inquiry into Values* (London: Vintage Books, 1974).

3　1英尺约合0.304 8米。——译者注

4　Lisa Margonelli, "Collective Mind in the Mound: How Do Termites Build Their Huge Structures?," *National Geographic*, August 1, 2014, https://www.nationalgeographic.com/news/2014/8/140731-termitesmounds-insects-entomologyscience/.

5　"The Animal House," PBS, October 28, 2011, http://www.pbs.org/wnet/nature/the-animalhouse-the-incredible-termitemound/7222/.

通过识别潜在的规则来给弱涌现建模；强涌现的背后则没有清晰的规则，所以无法建模。因此，我们可以用计算机模拟出鸟群的集聚行为（弱涌现），却无法模拟人类大脑中创造意识的细胞相互作用（强涌现）。[1]

涌现的一个主要特征是自我组织。系统各部分的相互作用可能看似杂乱无章，但整体却是井井有条的。这一切的发生全无集中控制的作用，而是由各部分自下而上自发组织而成。例如，鸟群在飞行时倾向于遵守特定的队形，但这并非服从首领指挥的结果，而是每只鸟都会本能地遵守特定的规则，比如彼此间保持合适的距离。

五月广场的母亲

涌现告诉我们，有时系统表现出的能力会超出其组成部分的特性之和。推而广之，这也意味着集体合作产生的能力远超个体能力之和。群体行动的累积也会产生与最初意图迥然不同的结果。比如，抗议活动就具备涌现的特性，势单力薄的个体聚集起来能产生巨大的影响力。抗议活动也可能得到组织者和参与者计划以外的结果。

1977—2006 年的每个周四晚上，阿根廷布宜诺斯艾利斯的五月广场上都会聚集一群妇女，其中不少人都上了年纪。她们大多戴着配套的白色头巾，举着横幅，在广场上绕圈行走。虽然方式简单，但几十年来和平抗议所取得的成果令人瞩目。

1　Mark A. Bedau, "Weak Emergence," *Noûs* 31 (1997): 375–99, https://doi.org/10.1111/0029-4624.31.s11.17.

涌现与复杂性

涌现并非复杂性的同义词。有些复杂的系统具备涌现特性，有些则只表现出部分之和的特性。一些简单的系统也可能具备复杂的涌现特性。

例如，核电站是由众多部件组成的复杂的系统，但其并无涌现特性，各部分会按预期的方式协同运转。一局看似简单得多的国际象棋却能表现出涌现特性，因为简单的规则也会产生新的结果。棋子的移动规则并不复杂，但会衍生复杂的高级策略，棋局的结果因此难以预测。规则并不会告诉你棋局将如何结束。

只有在向前追溯时,历史时期才能被冠以一个特定的名称,形成连贯的叙事。如今我们将 1976—1983 年阿根廷的国家恐怖主义时期称为"肮脏战争",但阿根廷普通民众在亲身经历时,以为那不过是一段充斥着极端随机暴力的时期。由于媒体审查制度的存在,要是身边没有人受害,许多人甚至对当时发生的事情一无所知。

在阿根廷军方成功发动政变,推翻总统胡安·多明戈·庇隆后,他们宣布任何反对其政策者都是国家的敌人。任何被怀疑的对象,即便并不构成实质威胁,也有可能突然失踪。阿根廷人称这些人为"失踪者"。政府想方设法抹去他们曾存在的证据,或者掩盖他们的下落。许多人被下药后又从飞机上被抛下,以防尸体被人发现。据估计,死亡人数高达 3 万人。[1] 此外,孕妇失踪后诞下的婴儿会被送去领养或贩卖,许多人一辈子都不知道自己的真实身世,甚至试图找寻失踪的朋友或家人都有可能惨遭杀害。

尽管有严厉的审查及对持异见者的惩罚,仍有一个群体虽无权无势、不堪一击,却保留了力量。对许多失踪者的母亲来说,她们根本无力承受丧子之痛。其中一小群人终于忍无可忍,哪怕风险极大,也还是决定挑战政权。1977 年 4 月 30 日,14 名母亲在五月广场集会游行,要求政府告知她们孩子的下落。很快,参与者增至数百人。[2] 母亲们戴着绣有子女姓名

1　Uki Goñi, "Forty Years Later, the Mothers of Argentina's 'Disappeared' Refuse to Be Silent," *Guardian*, April 28, 2017, https://www.theguardian.com/world/2017/apr/28/mothers-plaza-de-mayoargentina-anniversary.

2　Lester Kurtz, "The Mothers of the Disappeared: Challenging the Junta in Argentina (1977–1983)," International Center for Nonviolent Conflict, July 2010, https://www.nonviolent-conflict.org/mothersdisappeared-challenging-juntaargentina-1977–1983/.

和出生日期的白色头巾,这也成为这场运动的象征。[1] 随着失踪情况愈演愈烈,母亲们的策略也日益大胆。

阿根廷政府不知所措。这些母亲和祖母颇为高调,杀害她们可能招致强烈反对。无论如何,虽然令人头疼,但一小群妇女似乎也掀不起什么风浪,根本没有推翻政府的能力。官员骂她们疯了,但也仅限于此。

他们误解了涌现的潜力和影响。作为个体,五月广场的母亲对政府毫无权力或影响力。起初,她们几乎孤立无援,因为大多数人甚至根本不知道失踪事件的存在。但作为一个群体,连续多年每周都重复相同的行为,整体效果便远超部分之和。她们的力量是所有人团结一致的结果。鉴于政府总是利用恐吓迫使人们保持沉默,无声抗议便是她们所能做的最具影响力的事情。

正如戴安娜·泰勒在《消失的行为》一书中写道:"只有被看见,她们才能发挥政治作用。只有被看见,她们才能活下去。被看见既是避难所也是陷阱:是避难所,因为她们只有在示威时才是安全的;是陷阱,因为军方清楚地知道她们是谁。"[2]

虽然政府对此不予理睬,但五月广场的母亲们的消息还是不胫而走,传到

1　Lyn Reese, "Speaking Truth to Power Madres of the Plaza De Mayo," *Madres of the Plaza De Mayo, Women in World History Curriculum*, accessed August 23, 2019, http://www.womeninworldhistory.com/contemporary-07.html.

2　Diana Taylor, *Disappearing Acts: Spectacles of Gender and Nationalism in Argentina's "Dirty War"* (Durham: Duke University Press, 2005).

了阿根廷境外。没有媒体审查制度的国家报道了她们的抗议,提高了人们对肮脏战争残酷性的认识。[1] 人权组织出手相助,提供资源,帮助团体取得更多进展。

随着支持不断增加,阻力也与日俱增。阿根廷政府开始对这些妇女下手,其中一些人自己也成了"失踪者"。在一次抗议中,一名警察用机枪朝她们扫射。该运动的创始人被谋杀,一些成员的最终命运时至今日依然成谜。但她们拒绝退缩,因为待在公众的视野中更安全。

1983 年,肮脏战争结束,但母亲们深知,她们的斗争远未结束。她们仍想知道自己孩子的命运,希望谋杀者或下令者血债血偿。失踪孕妇的母亲想要找到自己的孙辈。迄今为止,已有超过 850 人被指控在肮脏战争期间犯下罪行,120 余名被拐儿童[2] 的身份得到确认,并与亲人团聚。[3]DNA 检测在确认乱葬坑中尸体身份的方面发挥了作用。

通过利用她们作为一个和平团体的力量,五月广场的母亲们成功帮助阿根廷改变了现状。她们所做的一切根本无法挽救孩子的性命,但她们希望能借此避免更多人承受丧子之痛,自己也从中寻求些许宽慰。在她们的启发下,世界各地成立了类似的团体。虽然她们的初衷只是找寻孩子的下落,

---

1 Erin Blakemore, "30,000 People Were 'Disappeared' in Argentina's Dirty War. These Women Never Stopped Looking," History.com, March 07, 2019, accessed August 23, 2019, https://www.history.com/news/mothers-plaza-de-mayodisappeared-children-dirty-warargentina.

2 Abuelas, "Another Grandson Recovers His Identity and His Life Story," Abuelas de Plaza de Mayo, August 3, 2018, accessed August 23, 2019, https://abuelas.org.ar/idiomas/english/press/news_2018-08-03.htm.

3 "World Report 2019: Rights Trends in Argentina," Human Rights Watch, January 17, 2019, https://www.hrw.org/world-report/2019/country-chapters/argentina.

但抗议产生了更大的影响，比如呼吁全世界共同关注阿根廷政府的权力滥用问题，也让该政权意识到其控制人民思想的能力十分有限。

作为一个群体，她们拥有了其作为个体所不具备的特性。她们能被看见，因此反倒不易遭受伤害。如果百姓不敢反抗，暴虐的政权就会更加肆无忌惮。大胆抗议会激发更多人质疑，并加入反抗压迫的队伍。这也是当时政府不遗余力消除异见的原因所在。

母亲们取得的成就绝非必然。许多类似的团体都以失败告终，并未促成变革。她们的成功可被视作一个新的特性。最后，这个故事告诉我们，不需要总是把事情计划到底，只要在正确的路径上找到一个简单的起点，你就可以利用涌现的力量得到出人意料的结果。

社会创新

知识共享往往会产生意想不到的结果。倘若携手合作，我能带来对 X 的理解，而你能贡献在 Y 方面的经验，将知识结合起来，就意味着我们掌握了 X 和 Y 的相关知识，有时我们还能共同创造 Z。利用涌现这一视角，我们可以探究人类的学习过程，懂得如果我们想要加速创新，社会互动与个人智慧同等重要，甚至更为重要。

受益于文化学习，人类作为一个物种的集体的能力要远远超出任何个体。我们是站在前人的肩膀上，而无须每代人从零开始。我们发展出了社会网络，因此得以向前辈学习，再将知识传递给后代。但对人类来说，最重要的是我们不需要无所不知。环顾四周，你会发现许多你虽无法制作但可以使用的物品。文化学习所产生的就是人类集体的涌现属性。

在描述文化学习对人类的作用时，约瑟夫·亨里奇[1]在《人类成功统治地球的秘密》[2]一书中表示："人类特有的高超技术，从狩猎采集者使用的皮划艇和复合弓，到现代世界的抗生素和飞机，都并非源于某个天才，而是来自好几代人思想、实践、阴差阳错和灵光乍现的碰撞与组合。"从根本上说，人类作为一个群体的发明创造是任何个体都无法做到的。

此外，随着文化学习代代相传，"我们的文化学习能力产生了'傻瓜'流程，经过几代人的操作，催生出了比任何个体甚至群体都更聪明的实践"。因此，日积月累的不仅是知识，我们向他人学习和教导他人的能力也在与日俱增，并产生了涌现的特性。

不妨思考一下：你能建造出一座金字塔或制作一部电话吗？和 5～10 个你所认识的最聪明的人合作的情况下呢？你能在森林里荒野求生吗？需要带多少人才能确保至少有一人知道如何生火？人类历史上积累的知识数不胜数，我们不可能全部掌握。亨里奇解释道："（文化学习的）实践和信念通常比我们聪明得多（虽然未必明显），因为无论是个人还是群体都无法在一生中了解透彻。"文化学习产生了文化思维，而这就是一种涌现特性，使得人类集体的知识远超任何个体所掌握的范围。

1 　约瑟夫·亨里奇（Joseph Henrich, 1968—），哈佛大学人类进化生物学系教授兼系主任。亨里奇的工作是探索人类进化过程中基因与文化之间的相互作用，重点关注累积性文化学习，融合了来自心理学、经济学和人种学等领域的观点。亨里奇曾在秘鲁亚马孙河流域、智利农村、南太平洋和斐济做过有关当地人类的田野调查。

2 　Joseph Henrich, *The Secret of Our Success* (Princeton: Princeton University Press, 2016).

文化学习究竟是怎样一个过程呢？罗伯特·博伊德和彼得·J. 理查森在《文化与人类合作的进化》一文中以北极地区的生活为例：

> 北极地区的觅食者可以制造他们所需的一切，因为可以利用他人行为和教导中的大量有用信息……即便大多数人在大多数时候都只是模仿而已，有些人还是会试图做些改进。相对而言，越小的改进越容易，因此大多数成功的创新都会带来微小的改变。总体而言，适度的改进会推动行为朝着适应性的方向发展。文化传播保留了这些推动机制，并使经过完善的传统接受新一轮的推动。[1]

人类通常善于同周围的人分享自己的进步和见解，也认为向他人学习是一件再自然不过的事情。因此，尽管创新对适应和生存十分重要，但人类的独特之处其实在于鼓励分享和吸收创新的社会网络。

亨里奇还指出："文化进化往往比人类本身要聪明得多。"它是自然选择的一环。没人指导文化学习，它也并非强制义务。没有权威规定每代人需要学习的内容。对于所做的大部分事情，我们甚至并不知道成功背后的原因。

亨里奇追溯了人类文化学习的发展历程。与人类的近亲黑猩猩相比，我们从一出生就开始向更多的个体学习。亨里奇认为："一旦个体进化到能以

---

[1] Robert Boyd and Peter J. Richerson, "Culture and the Evolution of Human Cooperation," *Philosophical Transactions of the Royal Society B: Biological Sciences* 364, no. 1533 (2009): 3281–88.

足够的准确性（保真度）相互学习，个体组成的社会群体就会发展出所谓的'集体大脑'。"正是集体大脑（即具有强大社会规范且相互联系的大型群体的产物）具备了产生新特性、推动社会提高技术复杂性的潜力。

语言就是集体大脑推动复杂性发展的一个绝佳例子。在谈及语言发展时，亨里奇表示："没有哪个个体能在这方面发挥很大作用，也没有人试图把实现这一（发展）作为目标。这是几代人之间文化传播的无意识产物。"

亨里奇解释了文化学习是如何给人类带来自然选择的压力，并改变我们的身体和本能的。我们生来并非白纸一张，而是背负着前辈积累的大量文化遗产。夏尔·佩罗在论文《文化进化的速度》中得出了如下结论："文化使我们得以在通常只有寿命较短的物种才能获得的时间尺度上进化，与此同时还能享受拥有漫长发展历史的裨益，比如更大的大脑、更长的少年期及更长的寿命。"[1]

在解释文化学习的力量时，亨里奇表示："首先要意识到，你之所以聪明，是因为从文化传承的知识与实践的巨大资源库中挖掘并下载了大量的思维应用程序。"之所以术业有专攻，是因为没人能无所不知，而精通不同领域知识的人会相互交流。正是在这个发生交流的系统中，一些本来不会发生的事情发生了。

---

[1] Charles Perrault, "The Pace of Cultural Evolution," *PLoS ONE* 7 no. 9 (2012): e45150, https://doi.org/10.1371/journal.pone.0045150.

他认为:"创新的前提不是某一个天才,或者一整个村庄,而是一个集思广益的巨大网络。"因此,创新并非某一次聪明才智的产物,而是文化学习所引发的涌现特性的产物。

结论

倘若一切结果都是所有组成部分的和,那这个世界将变得相当无趣。涌现告诉我们,并非所有能力都显而易见,但哪怕微不足道的能力也可能因为互相结合而带来惊喜。使用这一思维模型并非意在预测涌现特性,而是要承认它的可能性。因此,千万不能故步自封,要大胆学习新技能,结识新朋友。与人合作、彼此分享可以创造出意想不到的可能性。

配套理念二
混沌动力学

大多数系统只有在接近均衡且不受到来自我们的太大压力时才会表现出线性规律。[1]
——斯蒂芬·斯托加茨

丢了一颗钉子,坏了一只蹄铁;
坏了一只蹄铁,折了一匹战马;
折了一匹战马,输了一场战斗;
输了一场战斗,亡了一个帝国。
一切的一切都是因为丢了一颗马掌钉。
——匿名

混沌系统对初始条件非常敏感，这种敏感性引发了一种名为"蝴蝶效应"的现象。"蝴蝶效应"因麻省理工学院气象学家兼数学家爱德华·洛伦茨的研究而得名。20世纪50年代的一天，洛伦茨正在研究天气预报的计算机模型，他将数据输入一个程序后就去喝咖啡了，等他回来时却发现得出的预测结果与当天此前输入相同数据时得出的完全不同。他起初以为是某种技术错误，后来才意识到是因为他不小心将其中一个变量四舍五入了——微小的差异导致了迥然不同的结果。²

通过这次意外，洛伦茨发现了混沌动力学，即蝴蝶效应。他发现，除天气外，其他混沌系统对初始条件也表现出同样的敏感性。这就解释了为何天气预测困难重重。在随后的研究和演讲中，洛伦茨将这种差异比作蝴蝶扇动翅膀所产生的气压变化。

预测混沌系统的未来发展并非易事，甚至绝无可能，因为建立预测模型需要对初始条件有着透彻的理解。稍不准确就会导致预测有误，甚至出现极大的偏差。随着时间的推移，这种偏差的影响会被进一步放大，预测的准确性也会随之呈指数级下降。³

蝴蝶效应之所以意义重大，是因为它与我们对世界的许多假设相矛盾。我们倾向于假设系统是确定性的，微小的差异无关紧要。在日常生活中遇到的很多事情中，这种假设没有错，但并不适用于混沌系统。只要不够准确，我们就无法对其做出有效的全面预测，通常只能基于概率进行预测，所以天气预报会说明天下雨的概率是60%。

自牛顿首次导出了从根本上解释宇宙运行的定律以来，世人便想知道，是否总有一天我们能完全理解这个世界？能否找到所有相关的定律，从而预知一切？1814年，数学家皮埃尔·西蒙·拉普拉斯宣称，假如我们知道宇宙中每个粒子的位置和速度，牛顿定律将帮助我们预测一切。一个多世纪后，计算机的问世让我们似乎有了将拉普拉斯的预言付诸实践的机会。

蝴蝶效应表明情况并非如此。我们即便能找出确定性规则，也无法做出完美的预测。混乱一定会带来意外。我们或许了解支配混沌系统行为的规则，但永远无法知道精确的初始条件。在观察混沌系统的行为时，我们实际看到的是确定性规则导致的结果。即使我们无法预测系统未来的发展，它仍有自己的内在逻辑。

1
Steven Strogatz, *Sync: How Order Emerges from Chaos in the Universe, Nature, and Daily Life* (New York: Hachette Books, 2015).

2
Peter Dizikes, "When the Butterfly Effect Took Flight," *MIT Technology Review*, February 22, 2011, https://www.technologyreview.com/s/422809/when-the-butterfly-effect-took-flight/.

3
"Sensitivity to Initial Conditions," Vanderbilt University, accessed January 15, 2020, https://www.vanderbilt.edu/AnS/psychology/cogsci/chaos/workshop/Sensitivity.html.

流行文化对蝴蝶效应的误解

蝴蝶扇动翅膀引发台风的描述很有画面感，因此激发了无数电影、图书、歌曲甚至励志名言的创作。数学思想进入主流文化可谓异乎寻常，有关微小事物能对世界产生巨大影响的理念颇具张力。

但这其实是对蝴蝶效应真正含义的误读。[1] 并不是蝴蝶扇动翅膀就会引发台风，而是说，在一个蝴蝶扇动翅膀的世界和一个不扇动翅膀的世界，这一初始条件的微小差异足以意味着其中一个世界会发生台风，而另一个不会。混沌系统对初始条件非常敏感，哪怕微不足道的差异都可能导致大相径庭的结果。然而，我们不能一看到某个结果，就说是某个特定的条件变化所致。在混沌系统中，没有哪个时刻比其他时刻更重要。每个瞬间都会改变之后发生的一切。

> 有些系统对初始条件非常敏感，因此，初始条件的微小差异就会导致最终结果的天差地别。此外还存在反馈，系统的进展会影响其自身的行为。[2]
> ——约翰·格里宾

---

[1] Étienne Ghys, "The Butterfly Effect," *The Proceedings of the 12th International Congress on Mathematical Education* (2015): 19–39.

[2] John Gribbin, *Deep Simplicity* (London: Penguin Books, 2005).

系统

10 不可约性

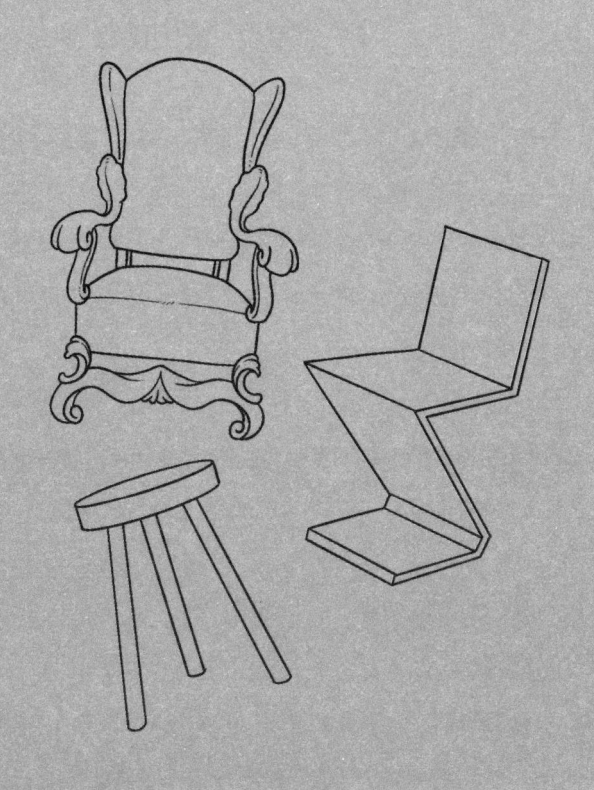

越简单越好，但不能再简单了。

爱因斯坦的理念是，任何理论都可以简化到一定程度，使尽可能多的人能够理解，但超过一定程度的简化就会使其失去意义，这就是理论不可约的界限。

> 不可否认，所有理论的最高目标都是在不影响充分表述单一经验数据的情况下，使不可约的基本要素尽可能简单、尽可能少。[1]
>
> ——阿尔伯特·爱因斯坦

不可约性这一模型与第一性原理有着异曲同工之妙。这是一种溯源基本问题的工具，即弄清维持整体质量所需的最少时间、组件或结构。一个事物保持其属性所需的最小量是多少？不可约性是指找到一个界限，超过该界限后，你就会不可避免地改变基本要素，这样你就能意识到自己何时已经将系统的性质彻底改变。

任何系统都存在不可简化的底线，一旦越过，系统就不再按预期运行。其中一个挑战是要能识别这一界限，而不被你以为应该存在的东西所迷惑。

不可约性在鹅和金蛋的寓言中体现得淋漓尽致。故事中，一个农夫发现了一只每天下金蛋的鹅，可他却嫌一天一个金蛋来得太慢，于是给鹅开膛破肚，以为里面装满了金子。结果鹅死了，农夫再也得不到金子了，因为涌现具有不可约性。对具有涌现属性的系统来说，其组成部分并不具有这一特性。倘若把系统拆开，就像农夫切开鹅一样，那它就失去了涌现的属性。

---

[1] Andrew Robinson, "Did Einstein Really Say That?" Nature News, April 30, 2018, https://www.nature.com/articles/d41586-018-05004-4.

口风不紧船舰沉

简化到什么程度，一幅画中的马就不再能被识别为马了？这是一项有趣的实验，旨在找出传达含义所需的最少笔画数。考虑不可约性通常就是在寻找这个最小值。在交流中，抓住事物的本质非常重要，因为简单的交流更便于理解，歧义和解读方式也更少。战时的宣传海报就是以极简图文传达复杂信息的绝佳案例，海报设计者力求以最少的文字和图像来传递信息。

两次世界大战期间的宣传海报通常只包含简单的图像和很少的文字，却能传达大量令人难以置信的信息。比如有句口号是"Loose lips, sink ships"（口风不紧船舰沉），这句话旁边通常还配有一幅简单的沉船图片。寥寥数语连同图片共同传递了丰富的内涵：它要求人们不要谈论任何可能对战事产生不利影响的内容，暗示国内民众中被安插了间谍，还表明大家如果不站在同一阵线提供声援，战争局势就可能受到影响。

除了暗示平民的言论可能不利战情，海报还蕴含了更加深刻的主题：它表明所有人都是拴在一根绳上的蚂蚱，每个人都应有所作为。海报还能帮助人们认识到行为的改变是己方军队取得成功的必要条件。想象自己是一名海报设计师，我们就能理解以简单的图形和口号传达复杂的主题和信息多么困难。

海报设计者必须考虑达到信息传递目的所需绘制的最小元素数量。读起来像小说，或者充满多个复杂图像的海报效果往往不佳。

亚伯兰·盖姆斯[1]是一名平面设计师,也是二战期间英国的官方战争艺术家。他的许多海报都极具视觉冲击力,是追求极致不可约性的绝佳范例。英国国家陆军博物馆如是描述他的创作技巧:"盖姆斯总是热衷于从最少的元素中挖掘最多的意义,巧妙运用象征手法和极简形式,创作出了那个时代最引人注目、最震撼的海报。"[2] 图像或许并不复杂,但传达的信息十分明确。他的海报是表达复杂主题的有效手段,并未因形式简单而引发歧义或混淆。

盖姆斯的海报涵盖了一系列主题,从激发爱国主义到"向士兵和平民灌输良好的习惯和行为"。英国国家陆军博物馆解释道:"他的海报鼓励人们避免浪费、积极献血、购买战争债券、正确使用武器和弹药、避免传播小道消息,以及保持战斗力,等等。"为推动各类行为改变,盖姆斯使用的图像很少,还常将图像进行简化。

战时海报往往会利用常见符号和象征性表现形式。这类符号通常具有特定的文化背景,例如鹰代表美国,红色代表警告或危险。符号的使用是简化信息的一种重要手段。在任何一张海报上,需要解释的东西越少,能够传达的信息就越多。

在《一战与宣传海报艺术》一文中,约瑟夫·卡明斯基对美国空军的一张

---

1   亚伯兰·盖姆斯(Abram Games, 1914—1996),原名亚伯拉罕·加姆塞(Abraham Gamse)。盖姆斯是一名平面设计师,设计出了英国历史上许多著名的图像。作为二战期间英国政府的官方战争艺术家,他开创了通过简单图像传达复杂信息的新方法。盖姆斯创作了100多张海报,鼓励人们加入空军、参与献血等,这些海报本身就是令人难忘的艺术作品。

2   "Abram Games and the Power of the Poster," National Army Museum, accessed November 12, 2020, https://www.nam.ac.uk/explore/abram-games-designer.

征兵海报进行了分析。画面中是两名军人在恳求读者加入，背景是一架空中的飞机，中间是一句话——"给他们枪"，底部突出显示"学习"和"挣钱"两个词。卡明斯基认为"学习"和"挣钱"是为了"迎合个体的需求，表明入伍既能学到有用的技能又能赚钱，这样士兵在战后就能过上舒适的生活"。[1] 因此，这张海报能够吸引那些想要归属感和愿意加入战斗的人，也展示了作战经历对于日后发展的价值。这些信息并不明确，海报没有说明具体能学到什么，抑或赚钱的手段如何。但在征兵海报上，这些字的位置和大号字体就是传达复杂信息所需的最低限度。

利用不可约性这一视角看待战时海报，我们可以明白为何在传播过程中，找到不影响理解的最低限度是如此有效。简洁（的海报）可以传达丰富的内涵，但过于简洁则会完全失去意义。

排版

"不可约性"这一思维模型还告诉我们，当我们简化或改变事物超过一定程度时，它就不再起作用或有意义了。在不破坏事物本质意义的核心要素的情况下，我们能简化的程度是有限的。意识到这些限制后，我们就可以进行实验和创造了。

各领域的设计师通常都得关注设计成果中不可简化的部分。他们如果想简化事物或增添创意，那就需要考虑如何才能做到既简单又易懂。

1　　Joseph Jon Kaminski, "World War I and Propaganda Poster Art: Comparing the United States and German Cases," *Epiphany Journal of Transdisciplinary Studies* 7, no. 2 (2014).

设计师需要明确设计对象本质意义的核心要素，才能确保不可简化的部分得以保留。一旦删除用户识别事物属性所必需的特征，或将其改为一种陌生的形式，那结果将一无是处。认识到这些限制是用户友好型设计的关键。跨越限制可能导致糟糕的设计，但有时也不失为探索表达同一事物的新方式或者打破预期的尝试。

我们可以从不可约性的视角来看待排版。不妨看看你周围所有不同的字体，以及它们不同的字号、间距和颜色等，无论是这本书，还是在食品包装、广告牌、路标上，抑或服装标签、报纸和T恤等。虽然字体千差万别，但你总能读懂。字体设计者保留了每个字母不可简化的元素。尽管在整体设计上存在差异，但他们都找到了每个字母能被识别的本质特征。

埃里克·吉尔[1]于1931年出版的《埃里克·吉尔谈字体、排版与装帧艺术》是排版领域不可约性的入门书籍。吉尔认为，从本质上说，"字母是表音的符号……不是图像，不能表意……或多或少是一种抽象形式"。[2]字母创造出来是作为一种符号，我们可以不断修改以使其适应新的媒介或社会需求。久而久之，字母发生了很大的变化，但每代设计师都试图识别旧有形式中不可简化的元素，保留它们，并确保新的字体仍然清晰可辨。

英语字母表中的字母并不直接代表语言的发音，设计师必须"利用已有字母，并在此基础上原封不动地保留其本质要素"。

1　埃里克·吉尔（Eric Gill, 1882—1940），雕塑家、雕刻师和设计师，以创造吉尔无衬线字体而闻名。他的著作《埃里克·吉尔谈字体、排版与装帧艺术》使用了他专为该书设计的字体"乔安娜"（Joanna）。

2　Eric Gill, *An Essay on Typography* (London: Penguin Modern Classics, 2013).

英语字母有三种核心形式——小写、大写和斜体，每种形式的构成方式不同，但都清晰可辨，因为包含了相同的不可简化的元素。我们完全可以做到在保留这些元素的同时改变部分设计。吉尔写道："大写字母 A 不会因为向左或向右倾斜、字体变粗或变细、添加或省略衬线而不再是大写字母 A，小写和斜体也是如此。"可以改变这些元素是因为它们并非不可简化，但字母的某些形状特征则不然。将三种形式的字母放在一起就会发现，每种形式都有其不可简化的元素。大写字母要比小写字母更大，斜体则更窄、会倾斜。这些是字母表中不可简化的元素，而非字母本身。

对设计师而言，识别并保留每个字母中不可简化的元素是一项重要且稀缺的技能："大家都以为自己一看到字母 A 就能认出它，但只有少数非常理性的人能区分字母设计的好坏，或者能阐明构成字母 A 的本质特征。什么时候 A 就不再是 A 了？或者何时 R 不再是 R？显然，每个字母都有一些不可简化的元素。"

吉尔提到一个字母中不可简化的元素可能会因上下文而异。例如，"一个四角被磨圆的正方形或长方形，其本身可能更像 O，但要将其与基于相同原理设计的 D 放在一起，没什么特征可以用于区分二者，从远处看就更是难以辨别二者"。一个系统中不可简化的要素并非一成不变，而是取决于系统的背景和目标。

在《排版的十诫》一书中，保罗·费尔顿探讨了经验丰富、熟知规则的设计师如何在打破规则的同时传达信息。[1] 这可以归结为理解类型组成中的

---

[1] Paul Felton, *The Ten Commandments of Typography/Type Heresy* (London: Merrell, 2006).

不可约元素，及其在不同的上下文中如何发生变化。

例如，标题最重要的特点是，它是读者在页面上首先注意到并阅读的内容。实现这一目标常见的最简单的做法就是把标题的字号设置得比其余文字大得多，并置于页面的顶部。费尔顿表示，如果页面上的所有文字字号相同，那么眼睛自然会先去看最粗的文字，因此也可以通过加粗来点明标题。在这种情况下，标题可以放在页面的任何位置。有些元素看似不可简化，实则并非如此。标题的不可约元素是它能立刻抓人眼球，而不是比其余文字的字号更大。

有时，不可简化的成分相当明显。沃伦·巴菲特有句名言：哪怕让九个女人同时怀孕，婴儿也不可能在一个月内出生。自然选择产生了一个不可简化的怀孕过程。然而，不可约性并不总是如此明确。排版向我们展示了识别不可约成分的重要性，每个字母都有为保障其可读性而必须具备的元素。这同样适用于文本在页面上的整体布局。一旦弄错了不可简化的部分，舍弃了不该舍弃的部分，就会改变系统的本质，通常会由此产生一个新的系统。字体如果未能保留保障其可读性所必需的不可简化元素，那就会转而成为视觉艺术，而非沟通工具。

结论

了解系统的不可简化成分，意味着你不会再浪费时间试图改变不可改变的成分。你可以掌控最低限度的元素，然后进行探索。不可约性这一视角可以帮助你删繁就简，给你更多调整或转变方向的选择。

盖尔定律

作家兼儿科医生约翰·盖尔在《系统论》(*The Systems Bible*)一书中提出了盖尔定律，该定律指出有效的复杂系统总是从简单系统演化而来。试图从零开始建立一个复杂系统往往劳而无功，必须从有效的基本事物出发，再一以贯之、循序渐进地向前发展。虽然并非绝对正确，但符合盖尔定律的例子随处可见：组织中的繁文缛节在一开始很可能并不复杂，以很简单的形式就能达到目的；老虎、鲸鱼等复杂生物都是由单细胞生物进化而来的；不断扩张的城市最初不过是个居民寥寥的小镇；像飞机这样的复杂技术也是从类似自行车的简单技术演变而来的。盖尔定律说明我们不能总是通过观察复杂系统的各个组成部分来确定其工作原理，它还告诉我们要避免从零开始设计复杂的系统。

系统

11　边际收益递减规律

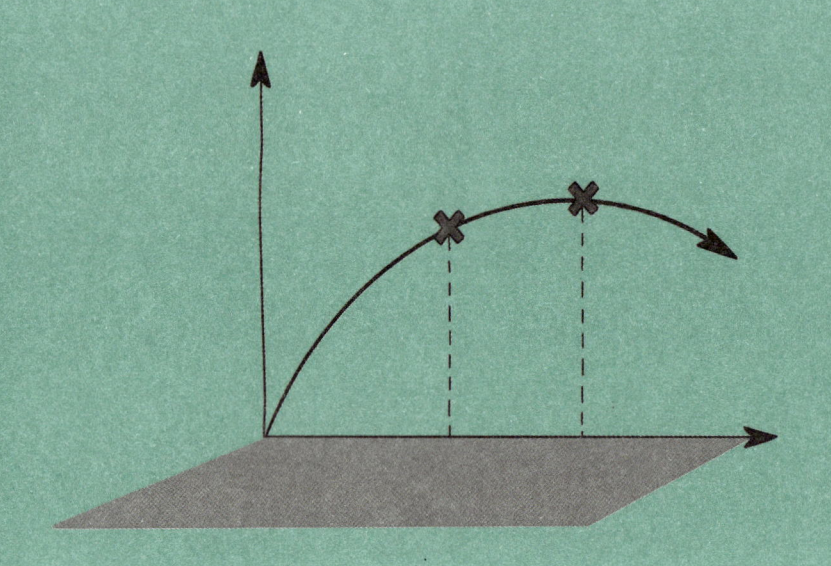

努力不再得到回报。

在某件事上投入更多精力或资源时,我们通常也寄希望于从中获得更多。工作时间更长,工作产出就更多;运动更频繁,身体就更健康;给一个项目分配更多的人,就能更快结项。边际收益递减规律这一模型告诉我们,系统内投入和产出之间的关系并不总是线性的,到了一定程度就一定会出现收益递减的现象。

边际收益递减规律表明对系统的投入会带来更多产出,但当投入增加到一定程度后,每增加一个单位的投入都会导致产出的增长量递减。换言之,在此之后,努力越多,回报越少。如果收益递减的情况进一步恶化,增加投入可能会减少总产出量。

边际收益递减规律几乎适用于任何系统。在经济学中,它是一个专用术语,指的是增加投入(如生产用的原材料和劳动力)会增加产出,但不是无限的。产出增加到一定程度,更多的投入反而导致产出的增长量递减,直到开始阻碍生产。一个典型的例子是工厂工人的数量:雇用更多工人,产量就会上升,但要是工人太多,工厂就会变得拥挤,工人互相干扰,设备数量也不足。因此每增加一个工人,对工厂产出的贡献都会减少。

随着19世纪和20世纪人工肥料的问世,边际收益递减规律在早期的一个应用场景是农业。[1]农民发现,向土壤中添加更多养分起初能增加作物产量,加快作物生长速度。但肥料与土壤的比例超过一定范围后,施肥越多,产量的增量越少。如果继续添加,由于土壤负荷过重,总产量还会降低。[2]

---

[1] Darrell A. Russel and Gerald G. Williams, "History of Chemical Fertilizer Development," *Soil Science Society of America Journal* 41, no. 2 (1977): 260–65.

[2] Paul M. Johnson, "Diminishing Returns, Law Of," A Glossary of Political Economy Terms, Auburn University, accessed August 15, 2019, http://www.auburn.edu/~johnspm/gloss/diminishing_returns_law_of.

家庭作业的边际收益递减

家庭作业是现代学校教育的标配。世界各地的人们对此都习以为常,无论是家长、老师还是学生,很少有人质疑作业的价值。然而,家庭作业同样受到边际收益递减规律的制约。研究表明,家庭作业对高中以下的孩子没有任何益处,虽然少量作业对高中生可能有益。但是,每增加 1 个小时的课外学习,其益处就会递减,特别是在作业重复性太强的情况下。[1] 对那些可能还承担其他责任(如照顾弟弟妹妹或帮忙做家务)的学生来说,问题更严重,因为这意味着他们没有足够的娱乐或睡眠时间,此时,家庭作业甚至会产生负面影响。

效率低下或适得其反的做法,比如学校规定每天晚上要完成几个小时的作业,往往源于我们没有认识到边际收益递减规律的存在。我们可能以为,越努力,回报一定越大,即使有证据与之相悖。早在 1950 年,就有研究表明强制性家庭作业与学生成绩的提高不成正比。[2]

[1] Vicki Abeles, Grace Rubenstein, and Lynda Weinman, *Beyond Measure: Rescuing an Overscheduled, Overtested, Underestimated Generation* (New York: Simon & Schuster Paperbacks, 2016).

[2] Harris Cooper, "Synthesis of Research on Homework," *Educational Leadership* 47, no. 3 (1989): 85–91, https://eric.ed.gov/?id=EJ398958.

边际收益递减无处不在。加班 1 个小时可能会让你高效产出，但加班 3 个小时则可能意味着更多疏漏，那么每小时完成的工作量就更少了。[1] 为了一个项目反复修改细节或许能日臻完善，但如果花的时间太多，则可能意味着投入产出比很低。对一家新公司来说，获得足够的启动资金可谓天赐良机，但要是资金太多，则可能意味着收益下降，因为此时为投资者盈利的优先级就会高于服务客户。在学习一项新技能时，刚开始时的练习会带来能力的飞跃，但越到后来进步就越不明显。

边际收益递减规律告诉我们，结果并非线性，对系统的所有投入也并非等价。我们往往捡了芝麻却丢了西瓜。多雇 1 名工人，对于一家有 10 名工人的工厂和一家已有 100 名工人的工厂，效果无法相提并论。晚上 9 点多加班 1 个小时与早上 9 点多工作 1 个小时也不可同日而语。边际收益递减规律可以帮助我们计算出不同系统收益递减的边际在哪里，从而找到对待不同系统的最佳方式。

维京人对巴黎的突袭

边际收益递减是因为系统逐渐适应，习惯了特定的输入，于是不再以同样的方式做出反应。边际收益递减规律告诉我们，起初能产生理想结果的系统应对方式，随着时间的推移，效果只会越来越差。无论最初的回报多么丰厚，我们都应该预料到辛勤付出所带来的回报最终只会越来越少。

---

[1] John Pencavel, "The Productivity of Working Hours," *The Economic Journal* 125, no. 589 (2014): https://doi.org/10.1111/ecoj.12166.

814 年，法兰克王国国王查理大帝[1]去世。法兰克王国（今法国）统治者的离世使得欧洲突然出现了权力真空。查理大帝穷其一生成功领导了针对萨克森人和维京人的军事行动。而欧洲没有其他具备同等实力的领袖来接替他，把这些人限制在斯堪的纳维亚半岛。他的继任者是虔诚者路易，他并没有像查理大帝一样，一次性屠杀 4 500 名萨克森俘虏以儆效尤。[2]

> 维京人从未被打败，他们只是任由自己被同化。[3]
> ——尼尔·奥利弗

820 年，第一支维京小舰队驶向塞纳河，试探巴黎的防御能力。法兰克王国守卫不费吹灰之力便击退了他们，但这不过是一次试探性的袭击。第一次真正引人注目的突袭发生于 841 年，维京人的目标是圣德尼教堂，因为彼时教堂往往拥有最多的财富。事实证明，策略十分有效。维京人首领阿斯盖尔劫持了大量人质，释放了其中一部分来换取赎金，再将其余人质卖作奴隶，以此中饱私囊。[4]初战告捷后，维京人很快便发动了更多袭击。

845 年，维京人首领雷金弗雷德指挥了史上最臭名昭著的一次突袭，但雷金弗雷德本人至今依然神秘莫测，历史学家仍不清楚他究竟是一个人，还

1　查理大帝（Charlemagne，约 742—814），公元 768 年成为法兰克王国国王，774 年成为伦巴第王国国王。在建立加洛林王朝的过程中，他成为自西罗马帝国灭亡后第一位统治西欧的领袖。因此，他于 8 世纪末推动了加洛林王朝的"文艺复兴"，加速了文化活动的发展。

2　Alexander Mikaberidze, *Atrocities, Massacres, and War Crimes: An Encyclopedia* (Santa Barbara: ABCCLIO, 2013).

3　Neil Oliver, *The Vikings* (London: Weidenfeld & Nicolson, 2012).

4　Joshua J. Mark, "Viking Raids on Paris," Ancient History Encyclopedia, November 13, 2018, https://www.ancient.eu/Viking_Raids_on_Paris/.

是一群人的合称。他有时也被称为雷金赫罗斯、雷金赫罗或拉格纳·洛德布鲁克。在他的指挥下，120 艘船载着数以千计的维京人沿塞纳河向巴黎进发。[1] 查理大帝的孙子、法兰克王国领袖秃头查理[2] 猜测敌方目标是圣德尼教堂，于是在塞纳河两岸各部署了一半军队。他的计划大错特错，因为兵力分散，维京人得以集中兵力依次攻击两岸军队。未被屠杀的士兵一律被抓去当了俘虏。随后，维京人索要 7 000 里弗尔的金银作为赎金。

845 年对巴黎的袭击并不是为了控制整座城市，而是为了牟利。维京人满载而归，沿途又洗劫了一些村庄。村民们认为遭到袭击是对自身罪孽的某种天谴。[3]

历史学家对于支付赎金是否明智仍然莫衷一是。对被索要赎金者来说，这肯定存在争议。[4] 秃头查理之所以选择支付赎金，是因为可以让维京人尽快离开，不造成更大的损失，从而节省了再次调动军队的费用。他当时还面临法兰克王国内部的分裂，不知道该信任谁。

但秃头查理的做法开创了一个危险的先例，支付赎金激励了维京人进一步发起袭击。845—926 年，法兰克王国向维京人总计支付了约 685 磅[5] 黄

---

1 Martina Sprague, *Norse Warfare: The Unconventional Battle Strategies of the Ancient Vikings* (New York: Hippocrene Books, 2007).

2 秃头查理（Charles the Bald, 823—877），查理大帝的孙子，西法兰克王国国王，也是加洛林王朝的皇帝。由于缺乏普遍支持，他很难保住权力。

3 James T. Palmer, *The Apocalypse in the Early Middle Ages* (Cambridge: Cambridge University Press, 2014).

4 Simon Coupland, *Carolingian Coinage and the Vikings: Studies on Power and Trade in the Ninth Century* (Burlington: Ashgate, 2007).

5 1 磅约合 0.454 千克。——编者注

金和43 000磅白银。[1] 在845年成功袭击巴黎的鼓舞下，维京人没有停下围攻富裕城镇的脚步。

法兰克人并未坐视不管，他们在巴黎周围筑起城墙，抵御袭击。在塞纳河上架起桥梁，阻止船只驶入城市。塔楼配备了数百名卫兵，他们能向经过此地的维京人倾倒沸腾的蜡和油，这也起到了防御作用。[2] 由于无法接近城市，维京人只能拉长围攻的战线，不仅耗费了大量资源、降低了士气，还因疾病伤亡惨重。他们曾试图放火烧船，再将船推向桥梁，但这些船无一例外都沉没了，没有起到任何作用。

边际收益递减对维京人的影响日益显现。突袭巴黎的结果是获得的赎金越来越少，代价却越来越大。相对于回报而言，这个过程变得更加费时费力。886年，一名遭受重创的维京人首领仅索取60磅贵金属作为离开巴黎的交换条件。911年，维京人首领罗洛[3]收到了来自法兰克国王查理三世[4]的诱人邀请。查理三世给他的不是黄金，而是土地和爵位，并将女儿嫁给他，只有一个条件：罗洛必须保护该地区不受维京人的进一步袭击。他们一拍即合，罗洛从而建立了诺曼底公国。[5]

1　Angus A. Somerville and R. Andrew McDonald, *The Vikings and Their Age* (Toronto: University of Toronto Press, 2013).

2　John Haywood, *Northmen: The Viking Saga, AD 793–1241* (New York: Thomas Dunne Books, 2016).

3　罗洛（Rollo，846/860—930）。在查理三世将一片土地划归与他换取维京人停止袭击之后，罗洛便成了法国诺曼底公国的第一位统治者。罗洛及与他一同定居此处的维京人的后裔被称为诺曼人，他们此后控制了欧洲的许多地区。罗洛是征服者威廉的曾曾曾祖父。

4　查理三世（Charles the Simple，879—929），以其性格直率著称，在维京人袭击期间统治着如今的法国地区。虽然查理三世缺乏其部分前辈的战略眼光，但他与罗洛达成的协议对欧洲历史产生了深远的影响。

5　Ben Hubbard, *Bloody History of Paris: Riots, Revolution, and Rat Pie* (London: Amber Books, 2018).

维京人对巴黎的袭击告诉我们，不能总是采取相同的行动，并期待同样的结果。事物永远在变化。在首次尝试新事物时，回报可能是惊人的。我们或许会忍不住不断重复自己的行为，期望获得同样的收益，但最后很可能是付出更多努力却得到更少回报。此时就该改变策略。在最初对巴黎的几次袭击中，维京人之所以能攫取巨额赎金，是因为人们毫无准备，缺乏适当的防御机制。而随着时间的推移，法兰克人也会逐渐增强抵御攻击的能力。

> 维京人的主力获得了塞纳河流域的土地，作为保护巴黎的交换条件。他们在法国北部定居下来，仅仅一个世纪内就讲起了法语方言，成为所谓的诺曼人。[1]
> ——马克·科尔兰斯基

此外，这些地区的财富逐渐枯竭。法兰克人不再重建教堂，维京人发起攻击的动力便大大降低。寻找新的袭击对象意味着要走得更远，成本更高，风险也更大。由于行船距离较远，维京人开始在欧洲一待就是数月，以免在冬季航行。最终，他们决定永久定居下来。在回报与付出不成正比时，罗洛抓住了机会，以另一种方式从欧洲获利。他的选择告诉我们，注意到收益递减就意味着是时候尝试新事物了。

袭击停止后，法兰克人才鼓起勇气开启了巴黎圣母院等宏伟的建筑工程建设，今天我们所熟知的巴黎才慢慢成形。这段记忆需要很长时间才能淡忘，这片地区也需要很长时间才得以恢复。

1　Mark Kurlansky, *Salt: A World History* (London: Vintage, 2003).

大规模监禁的边际收益递减

监禁作为一种惩罚犯罪的手段由来已久。从理论上说,它能使社会更加安全,但是监禁的收益也是边际递减的。将社会上最危险、最具暴力性的人隔离开来,会让其他人更加安全。毕竟,大多数暴力犯罪都是极少数人所为。然而,被监禁的人越多,每个人的安全收益就越少。倘若更多的轻微犯罪也以监禁作为惩罚,那么其所带来的安全收益就会减少。[1] 监禁人数如果持续增加,就可能达到边际收益递减的地步,此时,纳税人的损失和犯人社会贡献的减少会远超监禁带来的收益。大规模监禁建立在这样一种假设之上,即把罪犯关押起来永远是好事。但这一理念也有其逻辑终点。

法国社会学家埃米尔·杜尔凯姆认为,在任何社会中,一定数量的犯罪都不可避免,因为被视为犯罪的行为是基于一个社会的"集体情感"。只要人与人之间存在差异,对于何为正确的行为和生活方式有着不同理解,那么在任何群体中都会有一些人的行为不符合规范,会被贴上犯罪的标签。杜尔凯姆并非纵容犯罪,但他认为不存在犯罪的社会是无法想象的。[2] 这并不是说我们现在称之为犯罪的行为仅仅是差异性行为,而是说人们最终称之为犯罪的差异性行为是不可避免的。

即使在一个假想出的世界中,没有任何法律谴责的行为发生,仍会有一些非常规行为被部分人视同犯罪。防止最严重的犯罪并不能创造一个完美的社会,而仅仅意味着轻微罪行会受到更多的重视。如此,最终可能导致的结果是,哪怕只是往地上吐口香糖也会被判死刑,因为这已经是社会上最严重的违法行为了。

> 新观点总会受到质疑,通常也会遭到反对,原因无他,只是因为它们还不够常见。[3]
> ——约翰·洛克

[1] Steven Pinker, *The Better Angels of Our Nature: Why Violence Has Declined* (New York: Penguin Books, 2012).

[2] Walter A. Lunden, "Pioneers in Criminology XVI—Emile Durkheim (1858–1917)," *Journal of Criminal Law and Criminology* 49, no. 1 (1958): 2.

[3] John Locke, *An Essay Concerning Human Understanding* (Oxford: Clarendon Press, 1979).

> 智者所始，愚者所终。[1]
> ——沃伦·巴菲特

20世纪50—70年代的剥削电影

我们对新鲜事物的反应符合边际收益递减规律。有趣的事情接触几次之后就会变得不那么有趣。一年的第一场雪总是很美，但到了3月，你就完全不记得自己当初为何会选择生活在寒冷的地区了。第一次坐过山车非常刺激，但在坐了十几次之后，你就会倍感无聊。想要持续获得关注，就必须不断加码。

这种习惯化体现很明显的一个领域是电影。在恐怖片中惊吓到数百万人的新技巧，在被其他导演模仿了十几次后便成了令人乏味的套路。一部让曾经的少年夜不能寐的电影，最终可能在工作日夜晚被他们放给自己的孩子看。一场强有力的广告宣传在成为惯例后可能会显得有点儿老套。回顾剥削电影的发展史，我们可以了解边际收益递减的思维模型是如何让我们从眼前一亮到漠然置之的。

首先，究竟什么是剥削电影？最简单的定义是，其制作目的是吸引尽可能多的人买票，无视美学、文化价值，或者对观众的教育意义。剥削电影会利用一切来挑逗观众，往往利用社会趋势或道德恐慌牟利。它们几乎全是

---

[1] Warren Buffett and Lawrence A. Cunningham, *The Essays of Warren Buffett: Lessons for Corporate America* (Durham: Carolina Academic Press, 2013).

小成本电影，演职人员也都叫不上名字。[1] 20 世纪 50—70 年代是剥削电影的全盛时期，它们通常有一个本质特点：以好莱坞无法或不愿拍摄的内容为主题。

在 20 世纪的头十年，电影产业刚刚起步时，人们就对这种媒介的道德规范感到恐慌。

一些人担心电影内容可能会腐蚀观众，于是要求对电影进行审查。在 20 世纪 30 年代，这一担忧推动了电影制作守则的出台，对好莱坞电影的内容进行了限制。当时，好莱坞就是电影产业的代名词。主要的电影公司掌握着电影的制作、发行和放映，完全控制了公众所能看到的电影。[2]

1948 年，美国最高法院做出了一项具有里程碑意义的裁决，判定好莱坞的大制片厂违反了反垄断法，不能继续进行垂直整合。大约在同一时间，网络电视开始兴起，影院也在寻找新的方式来吸引观众。青年文化逐渐流行起来，娱乐行业开始更多地迎合年轻人的喜好。这三大因素为剥削电影产业的发展奠定了基础。

正如里克·梅耶斯在《仅仅一周》一书中所述："傻瓜和电影制作人冲进了聪明人不敢涉足的领域，仔细研究电影行业的各种规章制度，直到发现可钻的空子。"剥削电影始于 20 世纪 50 年代的"裸体主义阵营纪录片"。

1　Randall Clark, *At a Theater or Drive-in Near You: The History, Culture, and Politics of the American Exploitation Film* (London: Routledge, 2016).

2　Ric Meyers, *For One Week Only: The World of Exploitation Films* (Guilford: Emery Books, 2011).

随着磨坊戏院[1]和汽车戏院的兴起，剥削电影从此一炮而红。低成本制片厂为满足人们对视觉冲击的需求，大量制作此类影片。

> 恐怖是对未知的害怕，而恐惧是对已知的害怕。
> ——里克·梅耶斯

回顾这一时期剥削电影的发展历程，不难看到一种规律：观众对一部电影的反响强烈，其他导演和制片厂便迅速跟进模仿，一次又一次地如法炮制，直到新鲜感不再。当观众第 10 次看到着了魔的小孩或者一群被逐一击毙的露营者时，他们便不再感到惊讶。他们需要看到更多的伤亡，或者更多的血腥画面、禁忌话题和裸露镜头。每次都必须不断加码，否则收益就会递减。

有时电影名字也会被抄袭。在 1962 年的电影《兰闺惊变》(Whatever Happened to Baby Jane?) 收获好评及多项奥斯卡金像奖提名后，很快就出现了《爱丽丝姨妈》(Whatever Happened to Aunt Alice, 1969 年)、《海伦怎么了》(What's the Matter with Helen, 1971 年) 及《谁杀了小豆阿姨？》(Who Slew Auntie Roo, 1971 年)。类似的还有《别往角落看》(Don't Look in the Basement, 1973 年)、《别开窗》(Don't Open the Window, 1976 年)、《不要进屋》(Don't Go in the House, 1981 年) 及《别接电话》(Don't Answer the Phone, 1981 年)。如果用山寨片名制作新片太过牵强，制作公司也不排斥给老片换上新的片名和海报重新上

---

[1] 磨坊戏院是美国专门播放剥削电影的戏院。——译者注

映。对一部成功的剥削电影来说,其路数会被反复抄袭,直到效果消失、令人生厌为止。

宣传材料也不例外。自从《把我染成血红色》(Color Me Blood Red, 1965 年)在海报上用了"你要不断提醒自己,这只是一部电影"这句宣传语,其他反响一般的电影也开始使用类似话术。《魔屋》(Last House on the Left, 1972 年)提醒观众:"为避免晕厥,请反复告诉自己,这只是一部电影……只是一部电影……只是一部电影……"贺曼影业随后在《别往角落看》和《山上的恐怖小屋》(The Horrible House on the Hill, 1974 年)上基本重复了同样的营销手段。剥削电影的制作方必须不断想出新点子才能引起反响。电影中能引发轰动的部分都可以被复制,这就影响了未来的影片效果,使观众对营销将信将疑。巧妙的新创意一开始可能会让观众又惊又喜,但不断重复只会让他们失去兴趣。

虽然偶有《女巫布莱尔》(The Blair Witch Project, 1999 年)等低成本恐怖片取得惊人的成功,但 20 世纪 50—70 年代存在的剥削电影基本已经销声匿迹。如前文所述,它们的主要特点是涵盖了主流电影所不能或不愿触及的内容。但是时代变了。观众不再轻易感到震惊,边缘主题也已被纳入主流。梅耶斯写道:"那些曾经唾弃依靠屠杀和性作为卖点牟利的大型电影制片厂如今却对这些主题寄予了厚望。"要引起观众的兴趣需要更高的预算,而随着审查的放松,主流电影不再那么平淡,观众也变得更加麻木。[1]

---

[1] Feona Attwood, I. Q. Hunter, Sharon Lockyer, and Vincent Campbell, *Controversial Images: Media Representations on the Edge* (Basingstoke: Palgrave Macmillan, 2013).

里克·梅耶斯表示："剥削电影本质上是我们为生活在谎言中所付出的代价。曾几何时，许多人都希望自己在别人眼中是情绪稳定、体贴周到的聪明人，绝不会享受乃至陶醉于他人遭受的痛苦。"然而，剥削电影与过去人们观看角斗士自相残杀、女巫被活活烧死实乃一脉相承。此类电影毫不掩饰人类的黑暗心理，因此"帮助人们通过观看汽车残骸获得变态的快感，同时又无须背负受害者真实存在所带来的负罪感"。

久而久之，我们对震撼内容的反应程度会逐渐递减，必须通过更可怕的事物才能产生同样的反应。这也是暴露疗法能有效克服恐惧症的原因所在。剥削电影表明强烈的反应不可能无限持续下去。在反复看到同样的事物之后，我们就会恢复到毫不惊讶的状态。剥削电影在漫长的电影史上似乎只是一个无关紧要的注脚，但它反映出边缘不断融入主流的文化周期。

剥削电影改变了我们对何为"普通"电影的看法。为制作更加极端的内容，电影必须适应不断变化的标准。边际收益递减是一个有趣的模型，我们可以借此探讨为何我们的新鲜感终会褪去，从而不断挑战极限，体验发现新事物的快感。

结论

倘若效果持续减弱，过去的成功已然随风飘散，那很可能是边际收益递减造成的。我们不能指望一直采取同样的策略还必然得到同样良好的成果。这个模型提醒我们，改变是进步的关键。即使没有故障，也总有需要修理的地方。不要因为过去的成功而沾沾自喜。为收益递减做好规划，就有可能避免它的出现。

边际收益递减与社会崩溃

为何像罗马帝国这样的复杂社会会轰然倒塌？约瑟夫·泰恩特在《复杂社会的崩溃》一书中提出了一种理论，即这可以归结为收益递减。随着社会的发展壮大，它会变得日益复杂，需要越来越多的"能量流"进行维护。[1] 随着个体之间的网络日益发达，"人们创造了更多的等级制度来规范网络，处理的信息与日俱增，信息流更加集中，越来越需要支持的、不直接参与资源生产的专家，等等"。比起简单的社会，复杂社会仅仅为了维持现状就需要从个体身上汲取成倍增加的能量。到了一定程度，维护成本可能就会超过个体作为社会一员所获得的利益。此时社会就会逐渐瓦解。复杂不再带来好处，回归更简单的组织层次才有意义。

---

[1] Joseph A. Tainter, *The Collapse of Complex Societies* (Cambridge: Cambridge University Press, 2017).

配套理念三
分布

服从正态分布的事物，如果尾部已然很长，
那它一定已经接近尾声；但服从幂律分布的事物，
其尾部越长，后面越有可能拖得更长。
——布莱恩·克里斯汀和汤姆·格里菲思

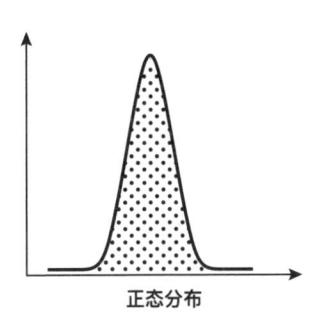

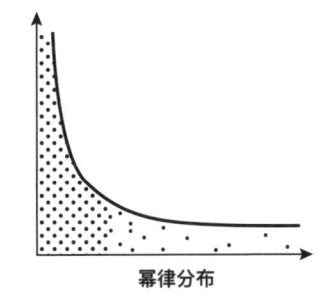

正态分布

幂律分布

分布能帮你根据特定的数据集确定预期，也能帮你预测未来事件发生的概率、频率和可能性。分布有多种不同的类型。对于给定的数据集，最能用于确定分布类型的四个特征是：

1. 数据是由离散值还是连续值组成？
2. 数据点是否对称？
3. 数据有上限和下限吗？
4. 观察到极值的可能性有多大？[1]

分布通常是数据集的理想化（非现实）呈现。纽约大学的一份文件指出："原始数据几乎永远不会像我们期望的那般完美。因此，将数据进行统计分布拟合既是艺术也是科学，需要在过程中做出妥协。优秀的数据分析的关键是在获得良好的分布拟合和保持易于估计之间求得平衡，同时牢记分析的终极目标是做出更好的决策。"

我们最熟悉的分布类型是正态分布，这也是我们观察世界最重要的视角之一。从教育到医学，正态分布的影响无处不在，尽管往往不为人所察觉。我们对它的理解也常常浮于表面，试图让现实贴合模型，而非相反。现实很少完全符合正态分布，而当我们试图使二者相符时，就会错过许多重要的细微差别和变化。

如果一组数据中的数值大多集中在一个中点周围，仅有少数分布在中点两端，那么这组数据就呈正态分布。离中点越远，出现的数值就越少。这个中点既是均值、众数，也是中位数。如果绘制成图形，正态分布的数据就会形成一个被称为钟形曲线的对称形状。列纳德·蒙洛迪诺在《醉汉的脚步》一书中总结道："正态分布描述的是很多现象会为围绕一个中心值上下浮动，而这个中心值就代表了这类现象最可能的结果。"[2]

许多常见的测量值都呈正态分布，比如身高、智商、血压和考试成绩。这类正态分布往往适用于受特定物理限制的数值，例如生物测量值。正态分布也适用于普通生活用品的价格。如果你知道牙膏的平均价格，那就可以利用大致的分布来评估眼前这支牙膏是买贵了还是很划算。

在正态分布中，数值越极端，出现的可能性越小。不过，需要注意的是，在大多数分布（哪怕是正态分布）中，尾部永远会存在。这些值出现的概率会降低，但也并非不可能。

我们把远离均值的数值称为长尾数据。由于不太可能发生，它们往往会被忽略。但如果我们单纯将世界视为正态分布，那就会忘记长尾数据往往会产生极大的影响。你每天通勤花费的时间大体相同，可一旦遇上交通管制或列车故障等重大问题，你的通勤时间就会大大延长，对你一天的行程也会产生连锁反应。

与正态分布相对应的是幂律分布。幂律分布中的数值集中在低值或高值处。即使分布可能涵盖大量不同的潜在数值，但曲线上的绝大多数点都代表着一个相对较小的子集。财富遵循典型的幂律分布。尽管个人可能拥有的财富范围相当大，但大多数人的财富都集中在曲线一端的小范围内。拥有1 000美元资产的人要比拥有10亿美元资产的人多得多。在财富曲线中，相对于整个人口而言，巨额财富可能相当罕见，但任何个体所能积累的财富都没有真正的上限。布莱恩·克里斯汀和汤姆·格里菲思在《算法之美》[3]一书中表示，幂律分布"也被称为'无标度分布'，因为它们可以在多个尺度的范围内表达数量：一个城镇可能有数十、数百、数千、数万、数十万甚至几百万居民，所以我们无法以单一数值定义一个'正常'的城镇应该有多大"。

看清自己何时处于幂律分布状态，有助于你切合实际地评估摆脱末端集群所需的努力，也会迫使你考虑自己必须应对的各种潜在数值。在想象未来的财富时，各种可能的数值可以激发动力，但如果幂律分布是关于潜在灾难的，情况则恰恰相反。

分布还存在其他类型：几何分布能让你直观地了解特定的成功可能在何时发生，二项分布则让你知道需要多长时间才能获得特定程度的成功，泊松分布能让你明白大量人口中罕见事件的分布情况，了解无记忆分布则能让你在等待下一班车的漫长时间里感觉好受一点儿。

你永远无法知道自己对数据分布的判断是否正确。你可以将分布与理想情况进行对比测试，从中得出两者相似且可信度很高的结论，但未来的数据点可能会改变这一分布。

1
"Statistical Distributions," accessed October 2020, http://people.stern.nyu.edu/adamodar/New_Home_Page/StatFile/statdistns.htm.

2
Leonard Mlodinow, *The Drunkard's Walk: How Randomness Rules Our Lives* (New York: Pantheon Books, 2009).

3
Brian Christian and Tom Griffiths, *Algorithms to Live By* (Toronto: Penguin, 2016).

美好生活

伊壁鸠鲁的哲学自问世以来一直被世人误解。他的作品集中完成于公元前300年前后，是继柏拉图和亚里士多德之后，与早期斯多葛学派学者同时代的人物。他的核心思想围绕快乐的价值展开。伊壁鸠鲁认为，快乐是我们评价生活的唯一现实尺度。在感到快乐时，发生的事情就是好的，因此追求快乐应该成为我们选择背后的动机。

乍一看，他的哲学理念似乎是在提倡一种自私放纵的生活。伊壁鸠鲁哲学被批评为宣扬享乐主义，容易导致社会崩溃，因此千百年来一直饱受诋毁。然而，全面解读伊壁鸠鲁哲学就会发现，追求伊壁鸠鲁理想中的快乐其实会进入一种非常宁静、清醒的生活状态。正态分布曲线这一视角可以帮助我们理解个中缘由，从而为这一古老哲学挖掘出现代用途。

伊壁鸠鲁在《致美诺西斯的信》一文中写道："没有任何快乐本身是坏事，但是能带来快乐的某些事情会引发远超快乐的烦恼。"我们应该尽力避免后一种快乐，因为在短期内获得的积极感受远不及随之而来的消极体验。

正态曲线（钟形曲线）能很好地概括伊壁鸠鲁的快乐哲学。如果把那些给我们造成巨大痛苦的事物想象成最左侧的数值，把那些带来巨大快乐的事物想象成最右侧的数值，那么理想的状态就是处于中间——既不快乐也不痛苦。正如丹尼尔·克莱因所述，对伊壁鸠鲁而言，"幸福就是宁静"。我们理应追求的生活状态是处于正态分布曲线的顶端——既没有痛苦也没有过度快乐引发的负面结果。

伊壁鸠鲁绝非提倡沉溺于一切带来快乐的事物，他写道："只有当我们因为没有快乐而感到痛苦时，我们才需要快乐，而当我们不痛苦时，我们也就不再需要快乐了。"在伊壁鸠鲁看来，"'快乐'是'痛苦'的逻辑反义词。换言之，对他来说，快乐意味着不痛苦"。他对快乐的表述启发我们将生活中的事件想象成呈正态分布，两侧都存在可能发生的极端事件，最美好的生活就居于中点附近，既没有太多痛苦也没有太多快乐。

如何达到这个中点，那里的生活又是什么模样？伊壁鸠鲁表示："习惯于简单而不奢侈的生活方式会使人健康，在面对生活中必须承担的责任时毫不犹豫，在偶尔出现的富裕阶段拥有更好的状态，在面对未知时无所畏惧。"他认为，简单生活是避免痛苦的最佳方式，而避免痛苦本身就是一种快乐——一种非常宁静、清醒的快乐。

正是对缓解痛苦的关注，让我们了解了以正态分布曲线的中间值为生活目标的价值所在。正如凯瑟琳·威尔逊在《如何成为伊壁鸠鲁主义者》一书中所述，伊壁鸠鲁"明确指出，最好的生活就是不存在匮乏的生活，免于饥饿、干渴和寒冷，也没有长时间的恐惧和焦虑"[4]。如若将快乐理解为没有痛苦的生活，就很容易理解为何我们应当极力避免曲线上极端快乐的一侧。纵欲过度往往导致痛苦。无论是生理上的痛苦（比如吃得太多、太好导致胃痛），还是心理上的痛苦（比如总是选择当下的愉悦而牺牲未来的满足），倘若只顾及时行乐，我们往往就会牺牲自己未来的幸福和满足。

对伊壁鸠鲁而言，关注我们从经验中获得的知识对于实现无痛苦的生活至关重要。我们需要和自己保持步调一致，关注自己的行为如何影响自身生理和心理状态。我们还需要积极地运用二阶思维，思考自身行动的后果又会产生何种后果。

因此，伊壁鸠鲁哲学帮助我们重新定义快乐，以达到曲线顶端无痛苦的中间值。威尔逊表示："不管他人会给我们带来什么麻烦，伊壁鸠鲁始终相信亲密的人际关系是生活中最大的快乐源泉。"因此，快乐并不在于获得物质和地位，而在于我们彼此之间的交往及从中获得的知识。这是一种体验哲学，而非消费哲学。

1
Epicurus, "Letter to Menoeceus," in *Classics of Western Philosophy*, 4th ed., edited by Steven M. Cahn (Indianapolis: Hackett, 1995).

2
Daniel Klein, foreword to *Epicurus: The Art of Happiness* (New York: Penguin Books, 2012).

3
George K. Strodach, introduction to *Epicurus: The Art of Happiness* (New York: Penguin Books, 2012).

4
Catherine Wilson, *How to Be an Epicurean: The Ancient Art of Living Well* (New York: Basic Books, 2019).

数学

01 复利效应

———
放长线，钓大鱼。

复利遵循幂律,而幂律非常神奇。知识、经验和人际关系都具有复利效应。根据这一模型,我们个人能力的潜力几乎是无限的。同利滚利一样,大部分收益都出现在最后,而非一开始。必须不断进行再投资,你才能体验到复利带来的指数型增长。

据说爱因斯坦曾将复利形容为世界第八大奇迹。虽然这句话可能不是他说的,但也并不离谱。复利是一种强大的力量,却常常被人误解。

复利最典型的形式就是利滚利:将一笔钱的利息连同本金一同用于再投资,利息本身也会继续产生利息。这意味着总金额的增长速度会越来越快,如同滚雪球一般。即使是一小笔钱,在足够长的时间跨度内,也能因为复利效应变成一大笔财富。

> **培养迭代思维。生活中的所有回报,无论是财富、人际关系还是知识,都源于复利。**[1]
> ——纳瓦尔·拉威康特

与通过赚取利息实现本金的复利增长一样,债务也具有复利特性,甚至最终会达到无法偿还的地步。许多负债者都没有意识到随着时间的推移,复利的威力究竟有多大。正如债务网上描述的那样,"复利既是积累财富的有力工具,也是摧毁财富的毁灭性工具。这只取决于你在财务等式的哪一

---

[1] Tweet by Naval Ravikant (@naval), Twitter, May 31, 2018, 1:26 a.m., https://twitter.com/naval/status/1002103908947263488?lang=en.

侧使用它"[1]。

复利效应是一个重要的用途广泛的思维模型，它告诉我们可以通过日积月累的努力实现巨额收益。它迫使我们着眼长远，因为复利的影响只有在很长的时间跨度内才会显现出来，而且大多数收益都是在接近尾声时才得以显现。金钱并不是唯一具有复利特性的事物，从知识到人际关系，只要我们不断积累，将收益进行再投资，一切都能呈指数级增长。重要的是不断进步，无论步伐有多小。

指数函数很难构想，所以我们总是低估复利的力量。我们习惯于从线性的角度思考，但复利并非线性的。当然，其他形式的复利效应并不是字面意义上的，无法利用公式计算知识如何呈指数级增长，但我们还是可以将复利概念作为一个隐喻，来思考事物是如何增长的。

> 今天一次看似无关紧要的纵欲或愤怒，就会导致山脊、铁路线或桥头堡的失守，使得敌人有机可乘，借此发起进攻。[2]
> ——C. S. 刘易斯

在一个类似利滚利的过程中，我们在初期做的决定所产生的影响会随着时间的推移不断增大。由于复利效应的存在，它们会比之后所做的决策产生

---

[1] Bill Fay, "How Compound Interest Works: Formula & How to Calculate," Debt.org., July 16, 2018, https://www.debt.org/blog/compound-interest-how-it-works/.

[2] C. S. Lewis, *Complete C. S. Lewis Signature Classics* (London: HarperCollins, 2012).

更大的影响。假设一名毕业生找了一份与自身兴趣无关的工作，这看似是个无伤大雅的暂时性选择，但会增加下一份工作仍在同一领域的概率。积累的经验越多，能力就越有可能变强，不知不觉中，再转换赛道就成了巨大的挑战。务必谨记，选择所带来的后果会随着时间的推移成倍增强。

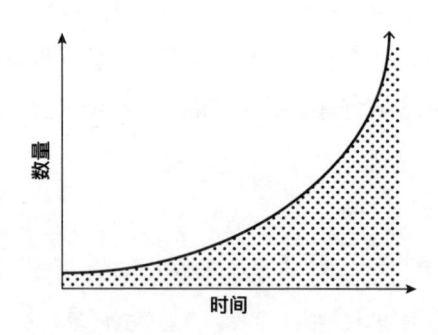

我们留给复利效应的时间越长，指数型收益的增长就越显著。

你并不总是知道回报

在投资具有复利特性的事物时，我们并不总能预知自己未来将如何利用复利。以储蓄为例，如果你知道自己账户里的本金和利率，那就可以估算出 20 年后账户中会有多少资金。无法预测的是你能用这笔钱做些什么。一开始，你可能会想象给自己买一套梦想中的房子，但 20 年后，你可能会利用这笔钱做出不同的职业选择。把钱存在银行的安全感或许意味着你可以冒更大的风险去追求自己的梦想。

在人际关系或学习等领域的小笔投资会产生立竿见影的效果，这通常也是促使我们迈出第一步的原因，但复利这一视角最迷人的地方就在于它揭示了今天的投资如何在未来给我们提供当下甚至无法想象的机遇。

犹太教育制度所产生的长期影响就是知识的复利效应能创造更多选择的绝佳范例。在《被选中的少数》一书中，马瑞斯泰拉·波提切尼和兹维·埃克斯坦追溯了教育在犹太宗教中的作用，展示了教育这一投资是如何给犹太人带来广阔的机遇的。

在1世纪，犹太学者和宗教领袖"颁布了一项宗教法令，要求所有犹太父亲将六七岁的儿子送去小学学习以希伯来语研读'托拉'。在公元纪年的第一个千年里，除了犹太人，没有其他民族会强制规定父亲有教育儿子的义务"[1]。

波提切尼和埃克斯坦明确指出，在早期的犹太教育中，没人预期这种做法会在将来提供回报。正如他们所述，一开始"送孩子去学校学习研读'托拉'是一种牺牲，在犹太人所处的农业经济中并不会带来经济回报"。无论是从维持教育基础设施的角度，还是从损失农业生产时间的角度来看，遵循教育规定的代价都十分高昂。最初，其所带来的唯一切实好处可能就是精神上的满足。

在教育规范设立之初，绝大多数犹太人都是农民。随后几个世纪，不少人放弃了农业生产，转而成为获利更高的工匠、商人和放债人。波提切尼和埃克斯坦表明："对读写能力和人力资本的投资使得人们自愿放弃对土地和农业的投资，开始从事城市中的职业，于是成为流动人口和移民。"

---

1 Maristella Botticini and Zvi Eckstein, *The Chosen Few: How Education Shaped Jewish History, 70–1492* (Princeton: Princeton University Press, 2012).

他们认为:"学习阅读有助于人们学习写作,提高算数能力,以及计算价格、成本、利率和汇率的能力,从而学会记账。"因此,识字创造了机遇。犹太人不是只能当农民,毕竟农民的收入潜力比不上不断发展的城市中心的那些职业。识字不仅能提高放债或经商的竞争力,还能"提高从事这些职业时的生产力和收入"。

首先是在阿拉伯帝国四大哈里发时期,然后是在中世纪的欧洲,相比其他族群,犹太人始终能以高得多的比例从事经济回报更高的职业。"犹太人的识字率,外加在第二圣殿被毁后的5个世纪里发展起来的一整套契约执行制度,使其在手工业、贸易和放贷等职业中具备了相对优势。"因此,当"中世纪欧洲的大部分人口主要由不识字的农民、佃农和农业工人组成"时,犹太人却能利用其识字能力(及文化的其他方面)专门从事利润丰厚的职业。犹太人通过从事高收入职业,充分利用了教育赋予他们的机会。

你无法预料一项投资在未来会给你带来的所有机遇,但这并不意味着你无法在机遇出现时加以利用。犹太人很早就开始投资教育,起初可能是出于信仰方面的原因,但这一投资随后使他们得以利用世界经济的变化。犹太人的读写能力使他们在需要理解文字和数字的新职业出现时抢占了先机。波提切尼和埃克斯坦解释道:"犹太社区通过选择从事城市中的技术工种,收获了投资教育所带来的裨益。"

我们无法预知今天的投资会带来何种机遇。波提切尼和埃克斯坦得出结论:"较高的文化素养和契约执行机制的存在成了犹太人的筹码。"他们利用这些筹码"继续寻找从投资中获得回报的机会"。

将复利的视角应用于犹太教育制度的启示是，要投资于能给你带来好处的事情。对早期的犹太人来说，他们从对读写能力的投资中获得了宗教信仰方面的好处。随着时间的推移，积累的知识产生了复利，为后代提供了难得的机会。认识到知识的复利效应有助于我们关注如何在未来利用自己的投资，并寻找复利带来的机遇。

再投资于经验

经验也有复利效应。在新场景中使用自己已经掌握的技能，我们就可以显著提升生活技能。通过复利这一视角观察个人经历并非为了证明一个等式，相反，这一模型有助于了解将从经验中所学进行再投资的意义。

2008年，《国家地理》杂志的科学家兼探险家米雷娅·马约尔[1]参与了一次探险，走的正是亨利·莫顿·斯坦利当年被派往坦桑尼亚寻找戴维·利文斯通博士时走过的路线。利文斯通是19世纪的传奇探险家，在他失踪后，一家美国报社派斯坦利前往寻找。马约尔的团队一行四人，计划以1865年斯坦利可能拥有的装备走完这段险途，全程进行了跟踪拍摄。尽管地形险峻、身体抱恙，还遇到了各种危险的动物，她和其他队员还是完成了挑战。她是如何做到在患有痢疾的情况下，还能在极其炎热潮湿的环境中长途跋涉数小时的？这一切可以通过复利加以解释。

---

[1] 米雷娅·马约尔（Mireya Mayor, 1973—）。1999年，马约尔成为《国家地理》杂志的《终极探险家》系列节目的首位女性野生动物记者。她与所在研究小组的其他成员一起在马达加斯加发现了一种新的鼠狐猴，并说服该国总理将鼠狐猴的栖息地指定为国家公园。

金融复利的关键要素之一是再投资。在投资的本金产生利息时，你不能把它取出来去买一双新鞋，而是要把利息补充到原来的投资中，这样就增加了能赚利息的本金量。

我们也能以类似的方法运用自己所学的知识。如果将从一段经历中获得的启发再投资到下一段经历中，我们就能从中获得更大的回报。

从所学知识中获得指数级的收益并非常态。并不是所有拥有新闻学学位的人都能获得普利策奖，也不是每个小时候摆过柠檬水摊的人最后都能拥有一家全国性的果汁连锁店。

人类在进化过程中善于利用过去的经验来指导未来的决策，久而久之，很多知识会自然而然地产生复利效应，尤其是那些我们年轻时获得的知识。但有时我们会心生厌倦，停下再投资的步伐，只因我们不再自我挑战。我们停止了学习的复利积累，20 年的生活不过是将一年重复 20 次。

要想获得洞察力并最终获得智慧，我们需要将知识进行再投资，不断产生复利。为此，一种方法是有意识地主动探索如何利用过去的经历提高未来成功的概率。

说回米雷娅·马约尔，那如果是她平生第一次前往坦桑尼亚探险，成功的概率一定很低。难度实在太大，环境险恶、团队条件艰苦。但她从过去多年的探险经历中获得了宝贵的经验，可以借鉴并加以应用。

1996年，马约尔去了圭亚那。那是她的首次探险，她正是在那里开启了成为灵长类动物学家所必须从事的实地考察，这次考察是为了研究一种稀有猴类。她回忆起当时的自己是如何收拾行装的："我买了往返机票、一只华而不实的泰迪熊双肩背包，还有一双时髦的登山靴。"[1] 除此之外还有一个睡袋、一把镊子及一件小黑裙。她随后得知，睡袋根本用不上，因为猛兽会在森林间觅食，而登山靴光好看是远远不够的。但她也了解到镊子在野外探险中很有价值，可以用来去除各种爱钻进人类皮肤的小生物。

在回顾从实地考察中学到的行李打包经验时，马约尔写道："在又去了几次偏远地区之后，我已经成了极简打包的专家。"而这样的专业知识正是通过经验积累而来的，比如一定要带上镜子（用于发送信号和检查蜱虫）、卫生棉条（用于生火）和清洁剂（用于中和噬肉菌）。

除了为丛林求生准备行囊，马约尔的故事还表明经验的再投资为她最终的成功奠定了基础。诚然，她在书中并未使用"刻意再投资"这个词，但她分享的故事表明，她会有意识地思考如何利用过去积累的知识。例如，她在成为探险家和灵长类动物学家之前，曾是美国橄榄球队迈阿密海豚队的啦啦队队员。乍一看，两份工作似乎毫无关联，不存在有价值的知识迁移，但马约尔写道："应对压力于我而言并不陌生。在我还是橄榄球队的啦啦队队员时，我就必须在高压下表演。在75 000多名疯狂尖叫的球迷面前跳舞，时刻记得保持微笑，在炎热的天气扭伤脚踝后还要确保头发不乱——这就是压力。"

1　Mireya Mayor, *Pink Boots and a Machete* (Washington, D.C.: National Geographic, 2011).

马约尔曾多次前往马达加斯加研究该岛特有的小型灵长类动物，比如佩氏冕狐猴。久而久之，她结识了很多灵长类动物学家、提供资助的组织，以及为探险提供支持的本地向导。经过多年的田野调查，马约尔成为《国家地理》杂志的野生动物记者。她表示："在我出现在电视上谈论有关蛇的冷知识，或者描述大猩猩的交配行为前，我已经进行了多年的实地考察。"

这些工作为她积累了大量知识，因而得以胜任《国家地理》的各类任务，从在墨西哥海岸与鲨鱼和巨型乌贼同游，到在纳米比亚与豹子和长颈鹿共处。从啦啦队队员、研究生到电视主持人、探险家和灵长类动物学家，透过马约尔的职业生涯，我们可以清楚地看到早期的经历让她得以应对日益复杂且危险的挑战。

再回到坦桑尼亚，回到复刻斯坦利成功找到利文斯通的探险之旅。这次旅途险情横生。这是她对最后一刻的描述：

> 我们回到独木舟上，沿着一条穿过沼泽的支流逆流而上，速度很慢。一股来历不明的血红色湍流从沼泽中涌了出来，不禁使我想起了斯坦利日记中的描述。实在划不动了，我们只好走进了沼泽地。到处都是蛇和鳄鱼。我们正踩着齐腰深的泥，突然，我做啦啦队队员时的旧伤复发，脚踝不听使唤。当我脸朝下摔进泥里时，一片趾甲被扯掉了。这可不是什么轻松的水疗。在此过程中，我掉了一只鞋子，只能赤脚穿过沼泽，一边被吸进泥里，一边被锋利的野草割伤。坦桑尼亚早已让我吃尽苦头，但与这最后几英里的路程相比，那根本算不了什么。

马约尔成功完成了这次艰苦的探险，证明她有能力将从过去的经验中积累的知识进行再投资，并利用由此产生的知识增长。马约尔这样的职业生涯表明，复利这一视角能帮助我们利用来之不易的洞察力，进而得以迎接成倍增长的挑战。

人际关系的复利

人际关系也存在复利，如果我们持续投资于互利共赢，关系就会随着时间的推移越发牢固。试想一个随机连接的节点网络。任意给定节点获得额外连接的可能性都与其已经拥有的连接数量成正比。由于随机性，少数节点会获得大部分连接，这种现象也被称为"偏好依附"。

偏好依附是一种复利，指的是某一事物（如金钱或朋友）更有可能累积到早已拥有更多此类事物的个人或实体身上的现象。例如，朋友很多的人结交的朋友会越来越多，通过已经认识的人，他们有更多的机会结识新朋友。

要想获得显著的累积优势，与同龄人截然不同的初始条件并非必需。迈克尔·莫布森在《实力、运气与成功》一书中提到，大学刚毕业时，经济环境的每一分微小差异都可能产生复合效应。毕业时的社会失业率每增加一个百分点，毕业生在职业生涯中的收入就会减少 6% ～ 7%。[1] 在经济衰退期毕业意味着一个人无论多么聪明或多么努力，都会处于严重的劣势。

---

[1] Michael J. Mauboussin, *The Success Equation: Untangling Skill and Luck in Business, Sports, and Investing* (Boston: Harvard Business Review Press, 2012).

因此，人生的起点可能会对终点产生巨大的影响，但也未必会决定你的一生。有些人可以通过理解和利用累积优势的概念，破除万难取得非凡的成就。这些人在抓住了一个微弱的优势之后，便会尽力从中挖掘一切可能的好处，接着不断重复这个过程，直到达到理想的彼岸。其中一个方法就是建立人脉，你所认识的每个人都有可能为你引荐更多的人。人际网络越强大，你可能认识的人就越有影响力或者越有趣。职业网络和社交网络具有复利效应，有些人能力超群，可以利用与他人的关系加快自己的职业发展速度。

西德尼·温伯格[1]并非典型的华尔街银行家——以今天的标准来看不是，甚至以20世纪初他登上银行业巅峰时的标准来看也不是。首先是他的背景。温伯格并非出身显赫，没接受过一流的教育，没有一长串的资格证书，在华尔街也毫无人脉。事实上，他只是一个波兰酒商的儿子，家里一共11个孩子。13岁那年，温伯格的一位老师认为他可以参加工作了，于是他便没有继续读书。13岁之前，他已经工作了好几年，既卖报纸也干其他杂活。[2]

温伯格的长相和声音也丝毫不像华尔街的成功人士。他身高仅有一米六多，与周围的银行家站在一起总是显得十分矮小。背上还有因儿时在街头打架留下的刀疤。[3]温伯格从不刻意掩饰自己浓重的布鲁克林口音，也

---

1 西德尼·温伯格（Sidney Weinberg, 1891—1969）。温伯格10岁就开始工作，卖过报纸，也剥过牡蛎。在担任高盛集团首席执行官期间，他负责了福特的上市工作，这也是当时规模最大的一次上市。他以建立人脉的能力和热情的性格而闻名，从未试图掩饰自己不同寻常的局外人出身。

2 William D. Cohan, *Money and Power: How Goldman Sachs Came to Rule the World* (New York: Anchor Books, 2012).

3 Adam Baldwin, *Heroes and Villains of Finance: The 50 Most Colorful Characters in the History of Finance* (Hoboken: John Wiley & Sons, 2015).

从不刻意隐瞒自己的出身，他甚至连自己刚开始在高盛做低级工作时擦过的痰盂都骄傲地保留着。[1] 温伯格以直言不讳著称，从不介意拿自己开玩笑。

尽管温伯格出身低微，他还是成了华尔街最有权势的人之一，担任高盛首席执行官长达 39 年。温伯格的独特之处就是对累积优势的理解。他最大的财富就是自己精心建立的人脉，他总会在此基础之上继续建立更多的关系。他深知，认识的人越多，将来能结识的人也就越多。通过专注于加强和利用人际关系，温伯格取得了非凡的成功。

他在大约 15 岁时开始在华尔街工作。那时候的华尔街还没有安保一说，他挑了一栋摩天大楼，挨个办公室寻找工作。最后，他在高盛集团谋得了一份管理员助理的粗重的工作，每周只挣几美元。

一天，温伯格受命给高盛创始人的儿子保罗·萨克斯送东西。萨克斯很欣赏他，给他升了职，派他到邮件收发室工作。温伯格突然有了一个证明自己的机会，于是对收发室进行了重组，提高了效率，给人留下了深刻的印象，也让萨克斯相信他有潜力从事银行业务。萨克斯出资让温伯格学习了人生中第一门银行课程，指导他完成了大学学业。在一战中服役后，温伯格重返华尔街，他的努力得到了回报，成了一名销售员。8 年后，他成了证券交易员。又过了 3 年，温伯格成为高盛的首席执行官。虽然我们无法确切得知那几年究竟发生了什么，但一切都始于他与保罗·萨克斯的幸运

---

1   Jonathan A. Knee, *The Accidental Investment Banker: Inside the Decade That Transformed Wall Street* (New York: Random House, 2007).

碰面，给了他一个证明自己的机会。从那一刻开始，温伯格在公司得到了一个更好的职位，能接触到更多的人，也有了更多的晋升机会。

要理解温伯格飞速晋升背后的原因，不妨思考一下他是如何建立有益的人脉，从而在整个职业生涯中获得不断累积的影响力和机会的。在职业生涯后期，我们可以看到他如何建立人脉的线索。其中一种方式是在董事会任职——他曾在 30 多家公司担任董事，为此每年需要参加 250 多场会议。他尽可能地提供帮助，尽力与每一位首席执行官交好。这些董事会会议并未分散他对自己主业的注意力，而是促进他完成本职工作的一种方式。

当富兰克林·罗斯福竞选总统时，他很不受华尔街的待见。温伯格看到了一个脱颖而出的机会，即支持罗斯福，帮助他筹集竞选资金，在商界和政界之间架起桥梁。温伯格在华尔街已经有了影响力，可以借此将其进一步转化为政治影响力。罗斯福赢得大选后，温伯格组织了一个由企业高管组成的顾问委员会，所有高管都经过他的精心挑选，确保与他本人的商业利益一致。[1] 他知道，给予这些高管如此高的地位，对方也一定懂得报之以琼瑶。许多人后来确实成了高盛的客户。

值得注意的是，彼时的高盛还未拥有如今的巨头地位，这意味着温伯格较高的政治影响力很可能是他建立人脉的结果。[2] 他一直拒绝担任政治职务；华尔街才是他的世界，政治不过是他建立人脉的手段。在他的职业生涯

1　Charles D. Ellis, *The Partnership: The Making of Goldman Sachs* (London: Penguin, 2009).

2　"How Goldman Sachs Landed on Top," *The Week,* August 13, 2009, https://theweek.com/articles/502831/how-goldman-sachs-landed.

中，他以罗斯福的竞选活动为切入点，总共为 5 位美国总统提供过建议。

与客户维系持久的关系也是温伯格工作的重要部分。但他绝不只是帮助那些有直接利用价值的人。据说他每周会给一个陷入困境的商业竞争对手寄去 100 美元。正如他常说的，友谊永远应该重于事业。[1]

随着时间的推移，温伯格人际关系的数量和持久度都呈指数级增长。他与人交往的认真态度表明，他对人脉进行了投资。尽力打造互惠互利的人际关系，在索取之前尽可能多地给予，我们就能收获复利的好处。越是加强和深化关系，人际关系就越能自我积累和发展。温伯格处于事业巅峰期时的华尔街就是建立在人脉关系之上的。如今，西德尼·温伯格的故事已经很难重现，因为旧有的互惠体系已然远远不够。倘若在一个社会中出身比能力和努力更重要，那就会大大减少即使白手起家也能从复利中获益的机会。建立关系的第一步可能是最难的。

结论

复利这一思维模型很有价值，启发我们对自己的知识、经验和人际关系进行长远的思考。它告诉我们，不断对所学知识和周围的人进行再投资，是让自己获得可靠、稳定收益的最佳方式。大多数成功都绝非偶然，复利的视角表明了我们实现目标所需的投资。

---

[1] "Business: Everybody's Broker Sidney Weinberg," *Time*, December 8, 1958, http://content.time.com/time/subscriber/article/0,33009,864550,00.html.

基本收入和死亡税

复利和偏好依附的力量太过强大，因此社会通常会制定规则来打破优势的指数级积累。

通过帮助自身没有或无法尽早建立（基础资源）网络者，创造公平竞争环境的制度之一是基本收入。有时我们需要通过增加贡献者的数量来打破偏好依附的循环，无论是为了提高公平性，还是只为了促进思想的流动。

基本收入没有统一的定义。在有些定义中，基本收入是指在一个地理区域内分配给每个人的收入，与领取者的其他收入或资产无关。而在有些定义中，基本收入则是一个范围值，具体发放标准需要考虑家庭经济状况。有时，它是一种应税收入；有时，它是一种免税福利。不论具体定义为何，"任何类型的基本收入都有一个最基本的特征，那就是它必须是无条件发放的"[1]。只要领取者始终住在同一地理区域，就不必做任何事情来证明自己持续领取基本收入是合理的。

从这个意义上讲，基本收入与社会福利大不相同。后者是一种有条件的收入，通常取决于求职情况、工作能力，以及是否拥有或积累任何资产。它受制于社会工作者的自由裁量权，因此天然具有不稳定性和主观性。

菲利普·范·帕里斯和雅尼克·范德波特在他们的著作中提出了支持基本收入的一个理由："我们的大部分收入都不能归结为自己的努力，而是取决于与之无关的外部性。"[2] 尽管我们可能会自我暗示，成功完全是自己努力的结果，但一个重要的因素是我们所拥有的连接的数量。其中一些连接似乎显而易见，比如家庭与工作之间的连接，或者教育与信息之间的连接。但还有一些，许多人却认为是理所当然的。想想我们为了工作而参与的网络，与牙医及其他医疗服务机构的连接，与优质托儿所的连接，或者为了稳定住房与房东和银行的连接，我们就会明白，成功意味着利用了一个由许多节点组成的大型网络。

与节点的连接往往只是钱的问题，接受教育要花钱，看牙医也要花钱。如果受教育程度低、牙齿卫生不佳，或者无法定期洗澡，那就更难找到工作了。基本收入计划通常旨在提供足够的资金来满足这些核心需求，从而帮助人们拥有从事有意义的工作或者为社会做出贡献的选择。可以说，人们利用基本收入是为了增加他们接触网络节点的机会，从而积累机会。

研究表明，人们在获得基本收入后，教育和健康状况都会得到改善。经济学家伊芙琳·弗盖特审视了相关研究后发现，基本收入通常会使年轻人接受更多的教育，并减少领取者对当地医疗系统的使用。她还认为，"在世界各地，基本收入的推行都有利于社会团结"，从而使社区取得更好的社会成果。这可能是因为更多的人建立了更多的连接，从而形成了一个更稳定的网络。

给人们提供一笔可预测的稳定收入，就能帮助他们增加与重要节点（比如教育）之间的连接，从而得以积累收益。在《推广全民基本收入的理由》一书中，路易丝·哈格引用了布莱恩·巴里的研究，后者认为："基本收入是一种减少累积性劣势的方法。"它能让人们获得力量，"有助于消除与不安全感和缺乏地位有关的社会差异"[3]。

帕里斯和范德波特谨慎地指出，基本收入并不是要实现均等化，"相反，它旨在减少不平等，更公平地分配真正的自由、可能性和机会"。从本质上讲，基本收入旨在平衡偏好依附所带来的收益。

虽然基本收入试图给每个人一个更好的起点，但社会也发展出了一些方法，试图减少既得利益者的优势在几代人中的积累程度。如果说人生没有什么是确定的，除了死亡和纳税，那么死亡税就一定是最确定的。死亡税是遗产税和州税的统称，指的是政府从个人死后留下的资产中扣除的税款，即使这些资产在其生前已被征税。死亡税通常是对超过一定价值的资产征收一定比例的税，根据死者是否将其遗产留给配偶或伴侣，以及慈善捐赠水平等，可予以减征或免征。死亡税既可以在遗产继承前从整体中扣除，也可以从个人继承后的遗产中扣除。

从理论上说，死亡税有助于防止财富日益集中于少数家族手中，并迫使富人在死后为社会做出巨额捐赠。遗产为继承人提供了不劳而获的优势，而且这种优势还会不断累积。死亡税背后的理念就是削弱这种优势，即使只是部分削弱。

1
Evelyn L. Forget, *Basic Income for Canadians* (Toronto: James Lorimer, 2018).

2
Philippe van Parijs and Yannick Vanderborght, *Basic Income* (Cambridge: Harvard University Press, 2017).

3
Louise Haagh, *The Case for Universal Basic Income* (Cambridge: Polity, 2019).

配套理念四
网络效应

网络效应是指一种产品或服务的效用会随着使用人数的增加而增加。用户越多,意味着对所有用户的价值越大。一个典型的例子就是电话,假设你有一部电话,但你的朋友们都没有,那么电话就毫无用处。但每多一个朋友拥有电话,其效用就会随之增加。

网络效应也可能是间接的,因为当一群人出于某种目的使用某物时,就会为另一群出于不同目的使用该物的人创造价值。例如,更多的司机加入拼车应用程序,就意味着能为乘客带来更多的效用。

网络效应会催生出一个强化反馈回路,在这个回路中,增加的价值会吸引新用户,而新用户又会进一步吸引新用户。网络效应起步很难,因为某些类型的产品和服务在达到用户数的临界质量之前几乎毫无价值。但是,一旦达到临界值,他们相对新进入市场者就会形成强大的竞争优势,即便后者的产品更好。

然而,先行者并不总是市场上最成功的,因为后来者可以从先行者犯过的错误中吸取教训。最终,网络效应会导致赢家通吃的局面,一种产品或服务收获了大部分用户,其竞争对手只能获得微不足道的市场份额。出于网络效应带来的优势,用户不愿转向替代产品或服务。网络效应一旦形成,即便不再额外进行市场营销,产品或服务也能持续获客。

在过去的两个世纪中,许多重要技术兴起的背后,最关键的一个因素就是网络效应。它不仅能推动新技术的成功,还能确保其长期发展。出于这个原因,许多企业在早期投入了大量精力来吸引用户,希望达到网络效应所必需的临界质量。这往往纯靠运气。

网络效应不仅局限于科技领域。任何情况下,只要某物的价值随着使用人数的增加而增加,就可以视为网络效应。如果一个地区居住着大量的技术工人,那就会吸引相关的高薪技术公司前来入驻,从而吸引更多的工人。像黄金这样的价值储藏手段也会受到网络效应的影响,持有者越多,它们的价格越稳定,对未来的投资者也就越有吸引力。

但网络效应不可能永远持续下去。更多用户创造更多价值自有其限度,超过一定限度就会产生负面的网络效应,即用户数量的增长会导致价值的减少而非增加。负面网络效应存在多种表现形式。一种产品或服务可能会超负荷,无法像过去那样服务用户。例如,铁路交通网络可能会受益于用户群的增长。更多的用户意味着更多的基础设施投资、更频繁的服务,甚至更低的成本。然而,如果乘车人数太多,列车可能就会变得过于拥挤和危险。如果没有空间建造更多的铁路线,最终或许将降低对用户的价值。

如果用户过多导致事物的基本性质发生改变,也会产生负面的网络效应。一个小型网络论坛的用户彼此关系密切,发帖标准很高,但如果大量新用户突然涌入,可能就会破坏论坛的规范,削弱其价值,削弱其最初对用户的吸引力。

数学

02 抽样

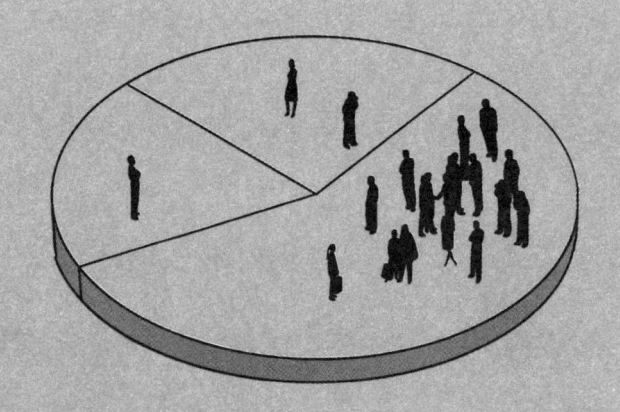

样本会成为你的现实。

了解抽样的影响力和重要性是理解世界的关键。抽样的思维模型是数学（尤其是统计学）中许多概念的第一性原理。鉴于我们常使用统计数据来了解现实，学习抽样不仅有助于理解其他涉及测量的领域（如心理学），还能帮助我们思考风险和回报，区分运气与技巧。

> 数字是只属于人类的智慧见证。
> ——奥诺雷·德·巴尔扎克

当我们想了解一个总体（指一组相似的人、物或事件）的信息时，通常需要研究一个样本（指总体的一部分）。逐一考虑总体的各部分通常是不可能甚至不可取的，因此我们的目标是找到一个能代表整体的样本[1]，通过样本来了解世界。人口普查是个例外，其目标是囊括所有人，而非仅仅收集样本。

样本容量是指从一个总体中抽取的人、物或事件的数量，它会对最终的结果产生巨大的影响。根据大数定律，样本容量越大，得到的结果越会向真实值收拢。例如，在掷骰子时，掷到 1～6 中任意一个数字的概率都是 1/6。如果掷 6 次，一般不太可能每个数字刚好出现一次。但要是掷 600 次，每个数字出现的频率会更接近 1/6，而如果掷 6 000 次甚至 60 000 次，结果将更加接近 1/6。

抽样能让你对数据集中可能的数值有一个大致概念。大数定律则有助于确

---

[1] Supriya Bhalerao and Prashant Kadam, "Sample Size Calculation," *International Journal of Ayurveda Research* 1, no. 1 (2010): 55.

定这些数值出现的概率。

根据经验，在其他条件相同的情况下，测量次数越多，结果越准确。样本量少会导致结果出现偏差。如果你用来评估天鹅颜色的样本是家附近池塘里的白天鹅，你可能会因此推断出所有天鹅都是白色的。但如果从不同地方收集更多样本，你就会发现有些天鹅是黑色的。即便从本地池塘里取几十次样本，它可能也不具代表性，会一直误导你。小样本量可能无法囊括罕见或异常的情况，让你误以为它们不存在。如果还是只观察某个池塘里的天鹅，你可能会以为所有天鹅都有两条腿，但如果样本量更大（比如将野生动物保护区纳入考量范围），你很可能会找到一只因意外而仅有一条腿的天鹅。

在对人类进行科学研究时，抽样尤其重要，在此情况下，样本容量就是参与者的人数。样本容量越大，误差范围越小，抽样置信度就越高，也就意味着研究结果越有可能推广至整个群体。

但我们必须做出取舍，小样本量的研究并非一无是处。管理大型研究的资金和后勤工作可能挑战太大，因此小型研究可以提供证据，证明进一步的研究是值得的。研究人员可以将一系列小型研究汇总，进行荟萃分析，从而获得对整体的理解。如果一项研究的代价太大，比如在一项受试者会承受巨大痛苦的心理学研究中，选用小样本可能更合乎道德标准。研究人员必须考虑一系列因素来确定合适的样本容量，包括预期的效应量和退出率。

除了合适的样本容量，样本还必须是随机选取的，这样才具有代表性。也就是说，总体中的每个人、事、物都有同等的机会出现在样本中。民意调查之父乔治·盖洛普[1]曾就随机样本的必要性打过一个比方——要知道一锅汤的咸淡，可以舀一勺尝尝，但前提是你得先把它搅匀。[2]

只有在具有代表性的情况下，大样本量才会更加准确，因此必须注意抽样偏差。比如，"健康工人效应"是指身体越差，就业的可能性就越低，因此某一领域或某一公司的员工平均而言会比人群总体更为健康。如果要衡量一种危险化学品对工人的影响，那么仅仅选取目前正在工厂打工的工人作为样本并不具有代表性——无论样本多大。那些因健康严重受损而不再工作或已转行的人也应被考虑在内。[3]

抽样可以帮助我们克服某些形式的偏见。例如，我们往往过于关注奇闻逸事，尤其是身边人说的，或者很生动的故事。故事如果恰好印证了我们已有的信念，那我们就更愿意相信它。一个故事的样本量仅为一，如果可能，我们应该收集更多的数据。例外情况是结果表明了一种可能性，比如第一个在心脏移植手术后存活的人，那就不仅是一个故事了。

对样本的思考还告诉我们，要想更准确地理解世界，有时需要获得更大或更具代表性的样本。四处旅行、去大城市生活，或者想方设法结识更多元的人，或许会让你变得更加包容。通过跨学科的广泛阅读接触更多领域的

---

[1] 乔治·盖洛普（George Gallup, 1901—1984）。盖洛普曾是新闻学教授，于1955年创办了自己的民意调查公司——美国民意研究所，随后更名为盖洛普公司，一直运营至今。他还撰写了有关改善教育的文章，成立了美国国际高中传媒荣誉协会（Quill and Scroll），专门面向高中生记者。

[2] David Spiegelhalter, *The Art of Statistics: Learning from Data* (London: Pelican, Penguin Books, 2019).

[3] Divyang Shah, "Healthy Worker Effect Phenomenon," *Indian Journal of Occupational and Environmental Medicine* 13, no. 2 (2009): 77.

理念，或许会让你的思想更加开放。学习更多的行业历史，积累更多的经验，从而了解更罕见也更极端的可能性，或许会让你更具风险意识。

定义语言

重要的是，要认识到什么情况下光靠一个衡量维度远远不够。首部《牛津英语词典》的编纂过程就证明了增加样本容量的价值，因为多个衡量指标可以增强准确性。

很难想象编写一门语言的第一本词典需要付出多大的努力。我们都成长于一个"后词典"时代，所有单词都按定义和历史汇编成册。翻阅任何词典都能轻易找到多义词。比如 dove 既指代鸽子也是 dive（跳水）这个动词的过去式。为涵盖一门语言的全部历史和用法，第一版词典必须考虑数十万条数据。《牛津英语词典》虽然不是第一本英语词典，却是第一部对英语进行全面汇编的词典，实乃人类历史上的一大壮举。

编纂该词典的计划始于 1856 年。最初，对其宗旨的描述如下："一本词典应记录在标准语言中存在时间够长的一切词汇。"发起这项任务的团体认为，一本好的词典不仅要表明单词在当代的用法，而且"每个单词都必须配有一段引自文学作品的文字，说明每个单词最初的用法"。

为此需要做些什么呢？正如西蒙·温切斯特在《教授与疯子》一书中所

---

[1] Simon Winchester, *The Professor and the Madman* (New York: Harper Collins, 2005).

述:"这意味着要阅读并引用一切能显示某个词语历史的书籍。这项工作任务繁重、意义深远,按当时的传统思维看来简直是痴人说梦。"从本质上说,要编纂《牛津英语词典》,就必须阅读以英语写就的所有书籍,从而找出英语中出现过的所有单词,还有它们首次出现的段落、不同用法及演变过程。

所有语言都在不断演变,有时是通过一个随机的变化和选择过程。每年都有新词加入词典,旧词会不断被淘汰。词典是其所属文化的一面镜子,也会随着社会规范的变化而演变。

据温切斯特描述,在一次类似启动大会的会议上,词典编纂计划的发起者凭借一种与所处时代和地点格格不入的敏感意识到,要编纂出这部词典,唯一的办法就是寻求大量人员的帮助。他们要"细读所有的英语文学作品,梳理伦敦和纽约的报纸及权威期刊,而这只能是团队合作的成果"。实际上,编纂这部词典需要梳理数百万页的词语。

为什么不能仅仅标注一个单词的常见用法呢?不妨以"take"这个单词为例,这个词相当常见,很可能我们每天都会用到它。但如果仅凭一个例句就给它下定义,那就大错特错了。它至少有以下四种含义:

1　拿走某物,如 I take that away from you(我把它从你身上拿走);
2　握住某物,如 I take my mother's hand(我握住妈妈的手);
3　电影中拍摄的镜头,如 We shot that in one take(那段拍摄我们一气呵成）；

4 从某一来源（税收或被收买）获得的收入，如 He was on the take（他受贿了）。

为了全面理解"take"一词，你需要学习所有可能的用法。将它纳入词典就意味着需要找到并收录以上所有用法，还要确保没有落下其他用法。

志愿者在通读每本英文书后会将报告提交给编辑组。温切斯特说："每名志愿者都会拿一张纸条，在纸条左上方写上目标单词，在左下方依次写上日期、书名或文章名、卷数和页码，然后在纸条上写上说明目标单词用法的完整句子。"

世界各地的词条纷至沓来。温切斯特表示："最终，志愿者们寄来了 600 多万张纸条。"阅读过的大量书籍和期刊意味着编纂工作对语言的覆盖是全面的，也意味着每个词语的历史和定义都相当准确。编辑们可以交叉参考各种观点和信源，根据所有书面英语资料进行核实之后最终编纂成册。

第一版《牛津英语词典》于 1927 年 12 月 31 日完稿。全书共 12 卷，收录词语 414 835 个，示例引语 1 827 306 条，是迄今为止最完整的英语编年史，也证明了合适的样本容量对于获得准确结果的价值所在。

并非所有样本容量都是等价的

样本容量需顾及的最重要的因素之一是其代表的多样性。从大量数据点中获得的洞察力,主要取决于其所涵盖的可能性的范围。例如,如果你想知道安全气囊在防止乘客严重受伤方面的效果如何,但你只收集了有关司机的信息,那么再多的数据也无法回答你的问题。

《世界上最奇怪的人?》一文的作者表示:"行为科学家经常在世界顶级期刊上发表关于人类心理和行为的各类观点,但其样本完全来自受过良好教育的西方工业化民主富裕社会。"[1] 他还提到,这些社会中的公民在很多方面都异于常人,因此,我们或许不应该使用完全基于这些群体行为的研究来代表整个人类社会。

我们如果想要找到 3 岁儿童的行为共性,那就没必要研究更多来自加州的儿童。在已有数据的基础上,使用相同的研究对象进行更多研究并不能帮助我们获得具有普适性的见解。如果想对人性发表一些有意义的看法,那么数据集就应该囊括能代表全球多样性的人类样本。

在《看不见的女性》一书中,卡罗琳·克里亚多·佩雷斯[2] 表示,很多影响女性的决策往往都基于并不包含女性的数据集。她认为:"如果所谓'大数据'的背后是巨大的沉默,你得到的真相充其量也不过是半真半假。"[3]

---

[1] Joseph Henrich, Steve J. Heine, and Ara Norenzayan, "The Weirdest People in the World?," *Behavioral and Brain Sciences* 33, no. 2–3 (2010): 61–83.

[2] 卡罗琳·克里亚多·佩雷斯(Caroline Criado Perez, 1984—),作家、节目主持人和活动家。佩雷斯的著作《看不见的女性》获得了 2019 年《金融时报》和麦肯锡年度最佳商业图书奖。她领导了许多成功的运动,提高英国女性的话语权和认可度,使她们的形象得以出现在纸币和纪念雕像上。

[3] Caroline Criado Perez, *Invisible Women* (New York: Abrams Press, 2019).

样本

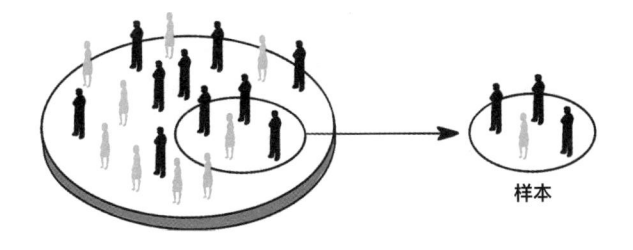

选取能代表总体的样本进行研究非常重要。但是，对具有不同特征的子集进行研究也很重要，这些特征可能会被平均值掩盖。

数据需要先收集才能分析，所以你需要扪心自问，是否有正确的机制来收集数据，以便尽可能全面地了解情况，或者至少了解的情况要足以做出有可能产生良好结果的正确决策。克里亚多·佩雷斯表示，在纽约和伦敦，乘坐公共交通时遇到性骚扰的受害者中有 90% 以上的人都不会发声；在阿塞拜疆，女性在乘坐地铁时遇到同样的情况也会选择忍气吞声。因此，如果有人根据警方的官方报告得出结论，认为在这些地方妇女安全不存在问题，那他们就大错特错了。因此，在基于数据制定规则和做出改变时，需要认真审视所使用的数据。

不把女性包括在内，就会导致数据集中剔除了一半的人类。克里亚多·佩雷斯举例说明了这在哪些情况下会带来烦恼（比如手机对普通女性的手来说太大了），以及在哪些情况下会对女性造成严重的负面影响（比如在医疗领域）。她解释说，"几乎所有的疼痛研究都是在雄性小鼠身上完成的"，而许多只在男性身上进行的临床试验声称其结果对男性和女性均有效，完全不顾男女的生理差异。

保险

保险背后的理念是通过在不同群体、公司等实体之间，以及在不同时期内分摊不利事件的成本，减少不确定性。我们无法预测某个人是否会摔断腿、其笔记本电脑是否会被盗，或者某家公司的工厂是否会被烧毁、是否会导致石油泄漏，等等。但只要样本容量足够大，就有可能以合理的准确性预测每年的赔付金额。保险公司会利用这些信息来计算保费。一旦遭遇灾难，客户所支付的费用就会远远低于未投保时所承担的费用，但大多数人从未获得过赔付。

所承保的客户数量越多，风险往往越低。有了足够的客户，保险公司就能有效消除不确定性。单个个体的风险是不确定的，但总体风险是可预测的。[1] 为使风险安全可保，这种风险必须在整个群体中呈现出某种一致性。

在极少数情况下，保险公司会因极端或不可预见的事件而措手不及。1906年的旧金山地震是美国历史上最严重的自然灾害之一，造成的保险损失金额超过63亿美元（按今天的价格计算）。此类地震（估计震级为7.7～8.3级）大概每200年才会发生一次，让保险公司猝不及防。大约有14家保险公司因赔付而破产，损失相当于该行业过去47年的全部利润。[2] 由于地震的罕见性和损失的严重性（其中大部分是由震后的火灾所致），样本容量在此次事件中并未起作用。

还有一种情况是某个事件史无前例——过于极端和罕见，哪怕样本容量再大都无法确保承保的安全性。"9·11"事件所带来的赔付高达316亿美元，此后美国政府不得不进行干预，以确保公司还会继续提供针对恐怖袭击的保险。[3]

1

Parimal Kumar Ray, *Agricultural Insurance* (Oxford: Pergamon Press, 1966).

2

"The San Francisco Earthquake of 1906: An Insurance Perspective," Insurance Information Institute, accessed January 27, 2020, https://www.iii.org/article/san-francisco-earthquake-1906-insurance-perspective.

3

"What Impact Have Terrorist Attacks Had on the Insurance Industry?," Investopedia, October 9, 2019, https://www.investopedia.com/ask/answers/050115/what-impact-have-terrorist-attacks-had-insurance-industry.asp.

大多数临床试验（至少面向大众的处方药的试验是如此）得出的结果都适用于体重 200 磅的成年人。在样本容量中还需要考虑种族因素，例如，非洲裔美国人、拉丁裔、亚裔和白种人都有自己独特的代谢和酶的机制，因此导致许多药物在不同人群中的效果也不尽相同。对制药公司来说，要获得多样性足够的样本往往成本太高。因此，许多药物在上市时数据并不理想，甚至从未进入市场，因为大样本中的某个子集出现了意想不到的不良反应。

假定仅凭样本量大就能获得良好的数据集，其所引发的一个问题是可能会令正在解决的问题雪上加霜。例如，如果不承认自己存在偏见，那么再多的样本都是不够的，而数量本身也不能帮你克服偏见。克里亚多·佩雷斯写道："如果你不了解偏见背后的机制，如果你没有收集数据并花点儿时间来制定基于证据的流程，你就会一直盲目延续过去不公正的做法。"

克里亚多·佩雷斯认为："将大数据引入一个充满性别数据鸿沟的世界，可能会放大和加速业已存在的歧视。"我们不难得出这样的结论：基于狭窄数据集的大数据会加剧各类歧视。正如《世界上最奇怪的人？》一文的作者所述："我们不能如此草率地仅凭一小部分没有代表性的人群数据，就来解决关乎人性的问题。"由此得到的教训是，关于同类群体的数据，再怎么深入也只适用于该群体。如果一个数据集被用来描述全人类，那它就必须能体现出人类物种的多样性。

为何我们要关心样本容量的质量？因为正如克里亚多·佩雷斯所述："拥有准确的衡量标准非常重要，因为数据决定了资源的分配方式。"我们从样本中得出结论往往不是为了消遣，而是为了做出有意义甚至至关重要、影响深远的决定。如果收集的数据不能代表受决策影响的人群，那么获得良好结果的概率就会大大降低。是的，对决策来说，大样本量总要好过小样本量，但务必谨记并非所有数据集都是等价的。

结论

这个模型告诉我们，在我们对世界的认识中，样本容量通常是一个无形的组成部分。在大多数情况下，增加样本容量会给我们提供有价值的信息，让我们得以从全新的视角看待自己的处境。但要获得有代表性的样本绝非易事，使用这一模型意味着要下功夫去探索那些不明显的事物，还要意识到样本很容易受到偏见的影响。

数学

03 随机性

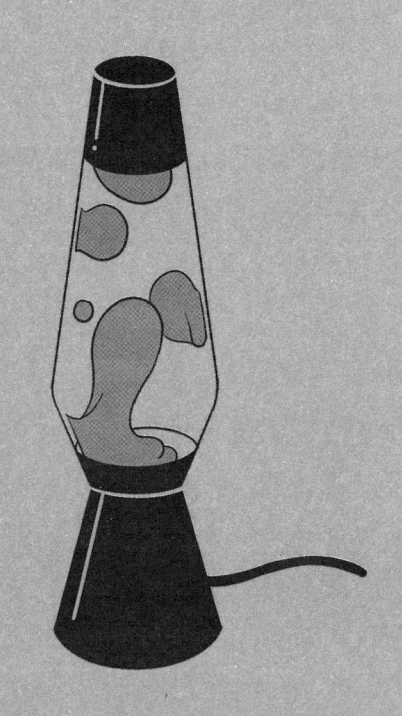

———
可预测性往往是一种幻觉。

随机性是一个很难使用的模型,因为人类并不擅长理解真正的随机性。在观察世界时,我们更容易看到秩序,会注意到规律和次序,比如因为连续发生了几件坏事,我们就会以为遭到了天谴。然而,可预测性和秩序感不过是一种幻觉。我们日常遇到的很多事情都是随机的,只是我们没有意识到罢了。运用随机性这一模型意味着接受它的存在,并找到加以利用的机会。

随机性在词典中的定义是"没有明确目标、原因或规律而进行、产生或发生"[1]。它是可预测性和秩序的对立面,是我们无法自然理解的概念。随机性与我们中意的看待世界的方式背道而驰。然而,随机性并不反常或罕见,它是常态,而非例外。每当我们在不存在因果关系的情况下强加因果时,就是误解了随机性。虽然我们无法驯服它,但至少可以学会与之合作,而非对抗。

> 人类大脑生来就是要为每起事件找出一个明确的原因,因此很难接受不相关或随机因素的影响。[2]
> ——列纳德·蒙洛迪诺

随机性富有挑战的一个原因是,它使宇宙看起来不如我们希冀的那般友善和易于理解。我们很难接受生活中发生的很多事情纯属偶然。就好比世界朝我们抛出了随机的圆点,而人类总是试图连点成线,即使线条并不存

---

[1] "Randomness," Dictionary.com, accessed August 23, 2019, https://www.dictionary.com/browse/randomness.

[2] Leonard Mlodinow, *The Drunkard's Walk: How Randomness Rules Our Lives* (New York: Pantheon Books, 2009).

在。因此，随机性迫使我们直面自己在许多情况下无法控制结果的事实。

> 思想发展史就是一部逐渐摒弃"一切以我们为中心"这一假设的历史。[1]
> ——保罗·格雷厄姆

同样，我们也会忘记过去同未来一样都是随机的。事后看来，历史似乎有序且合乎逻辑。翻开历史书，我们看到的是条理清晰的叙述。每件事都有开头、经过和结尾，但只有事后看来才是如此。不仅过去的事件是随机的，我们所掌握的有关事件的信息也是随机的。历史文献存世与否是随机的，而研究人员能否发现它们，乃至如何解读文献也颇具随机性。[2] 文献可能会丢失、被烧或被淹，或者因为无人识货而被弃若敝屣，还有一些要么被忽略，要么难以解读。时间越往前追溯，我们所掌握的信息就越不完整。

然而，随机性并不可怕。它是我们可以利用的工具。比如，免疫系统要与各种可能的病原体做斗争。为了应对各种新的威胁，人体会随机产生不同形状的淋巴细胞，这意味着每个淋巴细胞都有对抗不同病原体的潜力。同样，蚂蚁觅食时会随机移动。一只蚂蚁在发现食物后会释放信息素发出信号，其他蚂蚁会随机接收这个信号，跟随其指引前往食物源头。在没有中央控制的情况下，这使蚂蚁实现了自我协调管理。"为了帮助那些构造相

---

[1] Paul Graham, "See Randomness," April 2006, http://www.paulgraham.com/randomness.html.

[2] "Professor Chris Wickham," University of Oxford, accessed August 23, 2019, http://www.ox.ac.uk/research/research-in-conversation/randomness-and-order/chris-wickham.

对简单的小规模群体探索众多可能性,这样的内在随机元素似乎是必需的,尤其是在从探索中获得的信息本质上是统计性的,而且对于可能面临的情况也没有先验知识的情况下。"

随机性是宇宙的根本属性,拥抱随机性,而非试图在无序之处建立秩序可以帮助我们做到两点:降低可预测性,以及提高创造力。

在面对最难的问题时,刻意利用偶然性或许行之有效。
——布莱恩·克里斯汀和汤姆·格里菲思

机缘巧合与创造

作家接受采访时似乎总被问到:"您的灵感源自哪里?"不少作家曾公开表示他们很讨厌这个问题。为什么呢?因为这个问题听起来就仿佛存在一个创意库,或者创意应用程序,抑或一些可利用的特定资源。每次毫无头绪时,他们就可以从中购买或者提取一个想法,然后便文思泉涌了。

现实则混乱得多,创意来自四面八方,毫无连贯性。某一天对某个作者具有启发意义的事物,到了下次再寻找灵感时可能就失灵了。一个特定的灵感来源也不可能以完全相同的方式对另一位作者起作用。在感觉创造力受阻或者灵感枯竭时,随机性或许能派上用场。

概率有多大？

我们容易对随机性产生误解的情形之一是当概率相同的随机事件依次发生时，我们有时会以为上一次发生的事件会决定下一次发生的事件。例如，在一系列随机事件中，我们可能以为同一件事不太可能连续发生多次。如果抛硬币 6 次，每次都是正面朝上，那这枚硬币可能被动了手脚。但鉴于每次抛硬币正面或反面朝上的概率是一样的，得到"正正正正正正"的结果和其他顺序（比如"正反反正反正"）的概率是相同的。

赌场会利用人们对随机事件下注的心理，同时确保赔率始终对自己有利。某个赌徒是否赢得某一特定回合是随机的，但平均而言，所有赌徒都会输。赌场利用的一个主要谬误是，人们误以为上一把的结果会影响下一把。假设赌场没对设备动手脚，每次掷骰子或转动轮盘得到任何结果的概率都是相同的，不会受到过去的影响。

1913 年，蒙特卡洛一家赌场的轮盘连续 26 次落在黑色区域。赌徒们不断押下巨额赌注，赌下一次会落在红色区域，结果赌输了好几百万美元。他们误以为每次轮盘落在黑色区域后，下一次落在红色区域的概率就会增加。但是落在红色区域的概率永远都是 50%，不会受到之前结果的影响。赌徒没有理由给红色下更多赌注。虽然连续多次落在黑色区域的可能性非常小，但这并不会改变任何一局中轮盘落在黑色区域的概率。

作家简·斯迈利[1]在《看小说的十三种方法》一书中回顾了她创作小说的过程。

> 除了泡一杯茶或者开一罐无糖可乐，然后坐在打字机或电脑前，我其实并没有什么创作理论。第一条和最后一条规则都是"继续创作"。但是，多年来我认为理所当然的"继续创作"，或许也是依赖于换尿布、烘焙及开车时不经意的思考？[2]

她明确指出，尽管创意肯定有其来源，但作者永远无法准确地知道（下一个）创意究竟来自何处。因此，随机性（此处也可理解为不可预测性）就是创作时非常有用的工具。

小说的写作过程没有固定流程。有时从一开始就在脑子里构思好了整个情节，有时则不然；有时在下笔前就规划好了每个章节的内容，而有时角色会出乎意料地将故事引向新的方向；有时你文思泉涌，整个故事一气呵成，有时你却会在中途卡住。斯迈利回忆她如何应对写作的挑战时说："我没有像早期创作大多数小说时那样提前规划和构思，而是自愿踏入了一个随机区域。"

创设一个规划之外的场景，让角色做一些意想不到的事情，这是解决创作瓶颈的一种方法。这些场景或许并不新奇，最后也可能会被删掉。但有

1　简·斯迈利（Jane Smiley, 1949—），普利策奖得主，小说作品包括《一千英亩》和《格陵兰人》等。她还撰写了多部非虚构题材的作品和儿童读物。

2　Jane Smiley, *Thirteen Ways of Looking at the Novel* (New York: Alfred A. Knopf, 2005).

时，仅仅是看到角色的一次意外经历，或许就能让你明白应该如何利用他们的特质让故事继续下去。

小说创作并不是一个线性的过程。斯迈利这样描述她的一次经历："有一天我在等待灵感，我找到一些，完全走向了全新的方向。第二天我又改了主意，尝试了一些新的想法。"通常，作者会为一个特定的场景尝试各种可能性，以确定最佳推进方式。

在创作一部小说时，最终的版本往往不同于最初的构思。你一开始可能会有一些想法，但研究后发现小说的假设有误，于是只能改变情节或背景。又或者某个人物比你想象的更有趣，写着写着就变成了更重要的角色。

斯迈利在描述创作过程时明确指出创作很少存在共性。她说："有些小说家写作是出于义务，有些则是出于欲望。这些都是性情问题，不存在孰优孰劣，因为在一开始（并且在相当长的一段时间内），唯一衡量成就的标准就是页数的累积。"这就引出了有关小说创作中随机性价值的另一重要观点：作者本身也完全不同。小说家的经历、欲望、假设和目标与小说本身一样千差万别。

在探索小说的历史时，斯迈利在研究了丹尼尔·笛福的作品《鲁滨孙漂流记》后表示："笛福所接受的不拘一格的宗教训练，让他对此前从未被文学作品认真对待过的对象（如妓女、仆人、罪犯、工人、歌伎、形形色色的冒险家）产生了同理心。"笛福只是一个例子。可以想见，所有小说家都会从自己的生活经历中汲取灵感，他们独特的背景决定了其对周围世界的看法。经历与性情的交织，外加写作时在特定时刻感受的不可预测性，意味着在故事创作时很难追溯清晰的因果关系。

即便大脑中已经构思出了一个有趣的故事，情节和人物呼之欲出，作者有时也还是会卡住。此时的解决办法应该是加入一些随机因素，看看结果如何，而非被动等待瓶颈奇迹般地消失。

斯迈利建议，此时应当"多多探索——多阅读，前往小说设定的背景地，在那里待几天，多问问题，搜寻原始文献，调动感官来深入了解所写内容。如果对自己的写作主题感到厌烦，闷头思考解决不了任何问题"。相反，必须用体验来摆脱困境。遇到瓶颈就说明你目前所想的一切都帮不上忙，你必须走到外面的世界中去，体验偶然发现新事物的惊喜，其中总有一样能帮你将故事继续下去，而你无法事先预知它究竟是什么。所以，大胆走出去，看看你会遇到什么。

虽然无法确切知道，但要说所有伟大的小说都未从作者经历的随机事件中受益，似乎也不大可能。为什么呢？伟大的小说不是公式，不可能完全照搬他人的想法还能取得同样的效果。

也许最重要的是，对于何为伟大的小说，并没有精准的定义。正如斯迈利在一位小说家开始创作时向他解释的那样："在追求完美时，不要忘记世上没有完美的小说，因为每部小说都由细节构成，每部小说都能给读者提供一些乐趣，但也有提供不了的，虽然你可以尝试提供尽可能多的乐趣，但总有些乐趣会相互抵消。"一部小说不可能面面俱到、人人喜爱。

创造力最伟大也最令人沮丧的因素之一就在于它的不精确性。一个人既无法彻底掌握创造力，也不可能始终拥有创意。创作产出是个很模糊的概念，而在产出陷入瓶颈时，引入一两个随机性元素可以帮你建立新的连接，从而帮你突破你所面临的瓶颈。

关于随机性的两个视角

为了理解真正的随机性，我们需要将其与伪随机性区分开来。

伪随机性是指虽然存在潜在的因果关系，但由于我们无法预测或察觉特定的规律，误以为出现了随机性。

真正的随机性则有所不同，它虽然与概率分布相关，但不涉及任何因果关系。这意味着没有任何解释能帮助我们大致猜测下一次试验的结果。

人类倾向于通过创造叙事来安排和组织世界，这让我们的行为很好预测。我们还极易受到暗示，会记住最近接触的事物。因此，人类的行为往往具有伪随机性，这一特点可以被利用。

专业魔术师在一些表演中利用了观众的可得性偏见和叙事倾向。如果你被要求随机想一个数字，或者从一副牌中随机抽取一张牌，你可能没有意识到你做出的选择是有规律的，并非真正随机，而是伪随机。

查纳内尔·米菲列夫在 20 世纪五六十年代因魔术表演而成名，人们熟知的是他的艺名陈·卡纳斯塔[1]。他的魔术通常很简单，只用一副纸牌或一本书就能表演，但他的天赋使他获得了"非凡之人"的绰号。卡纳斯塔的魔术具有实验性，因为往往依赖于冒险，在现场表演中出错也是常有的事。

然而，失败只会凸显卡纳斯塔的坦诚。有时，他会大胆冒险，只要他自己认为值得。有一次，卡纳斯塔让一组观众每人随机想出一个单词，再将它们串成一个句子，而他会提前预测句子的内容。卡纳斯塔完全想错了，但他解释说这值得一试。他猜对的概率其实比你想象的要大，因为我们常把伪随机性误作随机性。当一个人"随机"选择一个单词时，词典中任意单词被选中的概率并不相同。在现实中，某些词被选中的概率要大得多。

与许多现代魔术师不同，卡纳斯塔并没有假装自己在表演魔法。相反，他充分利用了自己超群的记忆力，以及让观众误将伪随机性视作真正的随机性的能力。[2] 例如，在一个魔术中，他会让一名观众从一副牌中随机抽取三张，然后将每张牌随机放入不同的口袋中。他能够巧妙地对观众拿哪张牌、放在哪里施加影响，观众却觉得一切都是随机的，并没有意识到他的影响。即便魔术并不总是完美无瑕，但一旦成功就会给人留下深刻的印象。[3]

卡纳斯塔还启发了读心者利用同样的心理技巧，让人们误以为自己的选择

---

1   陈·卡纳斯塔（Chan Canasta, 1920—1999），原名查纳内尔·米菲列夫（Channel Mifelew），原籍波兰，二战期间志愿加入英国皇家空军。1947 年，他移居英国，成为英国公民，于 20 世纪 50 年代初成为史上第一位电视魔术明星。在最负盛名之时，他却转而成为一名成功的风景画家。

2   Roberto Forzoni, "Chan Canasta," ForzoniMagic, accessed November 17, 2020, http://forzonimagic.com/mindreaders-history/chan-canasta/.

3   David Britland, "Chan Canasta Triple Card Coincidence," Cardopolis, January 27, 2010, http://cardopolis.blogspot.com/2010/01/chan-canasta-triple-card-coincidence.html.

是随机的,但实际上是伪随机的。

当我们被要求随机选择,尤其是处于压力之下时,我们往往会落入特定的模式。[1] 当被要求随机说出一种蔬菜的名字时,大多数人会说胡萝卜。在乔治·布什当众表示自己讨厌西蓝花后,西蓝花便一度成为更常被提及的选择。读心者巴纳切克[2]写到,当被要求说出一种形状时,大多数人会选择正方形;对于花,人们通常会选玫瑰;对于1～5之间的数字,大多数人会选3,而如果是1～10,那一般会选7;人们"随机"说出的颜色通常是蓝色,家具是椅子。加上一定的天赋,运用像这样简单的技巧也能达到读心术一般的效果。魔术之所以成功,是因为我们没有意识到我们做的选择并不随机。

我们无法预测卡纳斯塔的魔术,是因为我们只看到了一次魔术表演,而非上百次。魔术师利用了单次魔术表面上的随机性,而如果观察过在不同观众面前进行的上千次表演,那几乎没人会认为过程是完全随机的。因为它不是真正的随机,而是伪随机。

人为创造随机性是很困难的。让别人给你一串随机数字,他们最终还是会遵循某种规律。要为了数据加密等目的生成真正的无序数列,就需要借助不可预测的物理过程,如大气噪声、放射性衰变及熔岩灯的运动。[3] 在需

1　Banachek, *Psychological Subtleties* (Houston: Magic Inspirations, 1998).

2　巴纳切克(Banachek, 1960—)最早的把戏之一是让华盛顿大学的一群科学家误以为他有通灵能力。作为一名艺人和读心者,他参与了大量的工作以揭穿虚假的灵媒。

3　Mads Haahr, "True Random Number Service," Random.org, accessed August 23, 2019, https://www.random.org/randomness/.

要真正的随机性时，我们必须找到一种超越本能思维的方法。历史上人们实现这一目标的方法之一就是通过占卜仪式获得随机数据。尽管人们将仪式的成功归结为魔法或神明的智慧，但这些都并非真正的原因。虽然有占卜的说法，但这些仪式产生的真正随机的结果要比人类大脑经常产生的伪随机数据有用得多。

加拿大拉布拉多地区的纳斯卡皮人需要一种方法来随机确定狩猎路线，以免驯鹿掌握规律后学会绕道躲避。他们为此发明了一种仪式，把驯鹿的肩骨放在炭火上烘烤，直到骨头表面布满裂纹，他们以裂纹作为地图确定狩猎路线。海狸的骨盆、剥了皮的水獭及鱼的下颌也能起到类似的作用。[1] 尽管他们认为这是一种占卜形式，但其原理其实是为他们提供了比人为选择更具随机性的狩猎路线。

真正的随机性不涉及任何因果关系，因此在骨头被加热之前，没人能预测下一个狩猎区在哪里。

结论

随机性这一模型提醒我们，有时我们寻求规律、构建叙事的倾向可能会适得其反。将随机性作为一种工具有助于获得全新的视角，帮助我们走出困境，同时也能让我们体会到不可预测或意想不到的事物所具有的价值。

---

[1] Shona L. Brown and Kathleen M. Eisenhardt, *Competing on the Edge: Strategy as Structured Chaos* (Boston: Harvard Business School Press, 1998).

配套理念五
帕累托原则

这就是二八定律的全部内容。
我们往往认为清单上的所有项目都同等重要，
但通常少数几个要比其余项目加在一起还重要。[1]
——汉斯·罗斯林

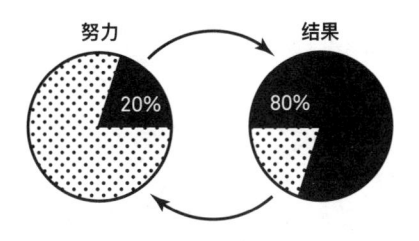

努力 20% 结果 80%

1906 年，意大利博学家维尔弗雷多·帕累托研究意大利的财富分配时注意到，20% 的人口拥有着 80% 的土地和财富。据说，他在自己种植的豌豆中也观察到了同样的规律，即 20% 的植株产出了 80% 的豌豆。在 20 世纪 40 年代，质量控制顾问兼工程师约瑟夫·朱兰指出，80% 的制造缺陷是由 20% 的生产问题所致。朱兰给他发现的原则冠以"帕累托"之名，原则如下：在系统中，80% 的产出通常是 20% 的投入带来的，剩下 20% 的产出则是其余 80% 的投入带来的。

帕累托原则适用于许多领域：一个领域 20% 的研究人员发表了 80% 的研究成果，一门语言中 20% 的词汇应用于 80% 的场景中，20% 的人口使用着 80% 的医疗资源和公共服务，20% 的客户创造了公司 80% 的利润。我们常常从 20% 的努力中获得 80% 的个人成就。当然，上述比例往往只是近似值，而非精确值。帕累托原则是一个经验法则，而非自然法则。然而，真正的比例往往惊人地接近于此。

投入和产出的分布并不均匀，并非所有的投入都会带来同样的产出。投入一个项目中的所有时间并非都能产生同样的成效，投入退休基金的所有资金并非都会对最终金额产生同样的影响，并非所有员工对公司年利润的贡献都完全相同。了解这一点可以让我们明白应该把时间和精力集中在何处。如果一家公司知道某个软件 80% 的用户只会接触其中 20% 的功能，那他们就会懂得要尽可能让这 20% 的功能高效便捷。

[1] Hans Rosling, Ola Rosling, and Anna Rosling Rönnlund, *Factfulness: Ten Reasons We're Wrong about the World—and Why Things Are Better Than You Think* (London: Sceptre, 2019).

数学

04 均值回归

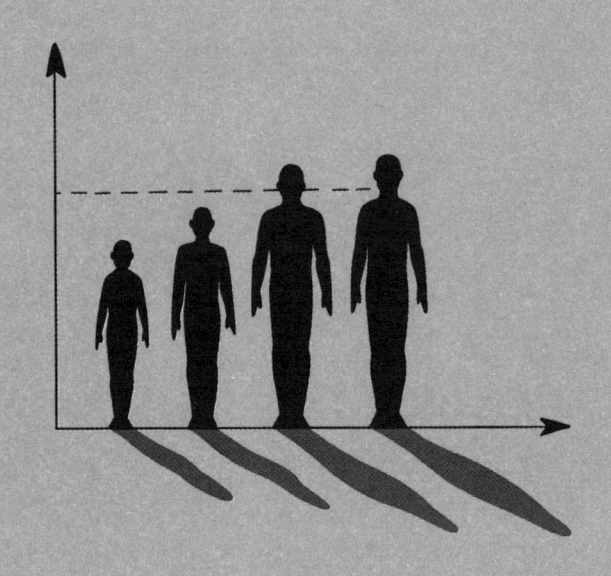

平常的结果紧随极端结果之后。

每当在生活中有所成就时，我们都会面临一个挑战。成功很棒，毫无疑问，我们都想复制成功，但必须考虑的是：我们最初的成功究竟有多少是靠实力，又有多少是靠运气？成功主要靠的是自己的能力，比如准备和努力，还是主要因为运气爆棚，比如竞争对手做了错误的选择？万一面对的是更强的对手，我们的成绩是否会更加平庸？均值回归模型是了解个人经历在概率分布中所处位置的有力工具。

当众神打算让一个人为自己的罪行付出代价时，通常会让他享受一时的成功和长时间的逍遥法外，这样，当审判最终降临时，命运逆转的落差感就会更加强烈。[1]
——尤利乌斯·恺撒

运气是随机的，因此，在带有运气成分的异常值之后，很可能会出现更适度、正常的结果。这就是均值回归，即在远高于或低于均值的数据之后，更有可能出现接近均值的数据。在某些情况下（例如考试分数），经过多次测量（考试），异常值往往会趋于正常，因为在多次迭代中我们的表现会趋近于平均水平。只要存在运气这个因素，总有一些成功和失败要归结为随机性。

19世纪末，统计学家弗朗西斯·高尔顿[2]在比较父母和子女的身高时，提

1　Julius Caesar, *The Conquest of Gaul* (London: Penguin Books, 1982).

2　弗朗西斯·高尔顿（Francis Galton，1822—1911），英国博学家，创造了"天性与教养"(nature versus nurture) 这一短语。高尔顿在气象学（绘制了第一张广受欢迎的气象图）和犯罪学（提出了指纹的独特性）等多个领域都做出了贡献。他还是一位探险家，著有《旅行的艺术》(*The Art of Travel*) 一书，至今仍在印刷。但他最为人熟知的还是对优生学的发展和支持。

出了均值回归的概念。他发现,过高或过矮的父母往往生出的孩子身高较为普通。这就好比在出现异常结果后,大自然会试图通过回归平均值来维持人的平均身高。[1]

我们在生活中经历的其他现象也是如此,极端的事件和结果往往会被抵消。超常发挥一次后,紧接着的成绩通常一般,因为真实能力会逐渐显露出来。根据一个单一的结果,我们无法区分实力和运气。在一次比赛中大放异彩的运动员,在下一次比赛中很可能表现平平,取得的成绩更接近其真实水平。冬季温暖的一天之后,天气很可能又会回归寒冷。投资决策时好时坏,但大多数决策都会产生与你的知识和经验相匹配的平均回报。

失败或成功过后,得到的结果通常会更接近均值,而非走向另一个极端。

> **运气对极端事件的影响越大,同样的运气在多个事件中得到重复的可能性就越小。**[2]
> ——匿名

均值回归能帮助我们区分实力和运气。在冒险的过程中,无论是投资股票、种植蔬菜,还是研究读心术,都不可避免地会有运气很好和很坏的时候。通过迭代,结果将更趋向于展示真实的能力水平。过分关注最初几次结果并非明智之举,因为它们并不具有代表性。所谓"新手运气"是真实存在的,因为失败的新手一般都直接放弃了。

---

1 Stephen Senn, "Francis Galton and Regression to the Mean," *Significance* 8, no. 3 (2011): 124–26.
2 Wikipedia. 2020. Regression toward the mean. https://en.wikipedia.org/wiki/Regression_toward_the_mean.

《体育画报》诅咒

在运动员中流传着所谓的"《体育画报》诅咒",指的是运动员在登上杂志封面后成绩会大幅下降。均值回归提供了一种解释。封面上的运动员往往在比赛中名列前茅——一部分是由于实力,另一部分是由于运气。从登上封面开始,他们的比赛成绩很有可能回归均值。[1]

运动员如果达到了能登上杂志封面的成功程度,那很可能已经没有什么进步的空间了。让运动员登上封面的通常是异常的成功,而异常的成功总带有不可靠的运气成分,很可能会让该运动员的表现在下个赛季回归均值,而此时被幸运眷顾的可能另有其人。

严重伤病葬送了许多运动员的职业生涯。同理,一个人参加一项运动的次数越多,受伤的机会也就越多。从事强度如此之大的运动,年龄增长引起的运动损伤会进一步增强厄运的作用。就像好运可能会让运动员在某个赛季表现突出一样,厄运也可能会让他们在下个赛季骨折。在棒球比赛中,因投球而获得赛扬奖的球员后来也很可能因同样的原因而走下坡路。[2]

评估一个人能力的最好方法是看他的过往记录,而非其最大的成就。极端结果并不一定是新趋势的开始,我们需要更大的样本容量才能做出准确的评估。虽然运动员在某个赛季或某场比赛中取得不可思议的成绩确实令人印象深刻,但这并不意味着他们会永远表现超凡。

在体育世界之外的生活中也是如此,无论是正面还是负面事件。在一家企业文化糟糕的公司有过一段糟糕的经历后,下一份工作的企业文化可能就会更加正常合理。在经历了一段美妙的恋情之后,你可能会发现下一段恋情并没有那么特别。关键是要认识到运气在何时发挥作用。无论事情的进展是太好还是太糟,很可能都只是一时的。人生有起有落,但大多数时候,你都处于均值附近。

[1]
Thomas Gilovich, *What Isn't So: The Fallibility of Human Reason in Everyday Life* (New York: Free Press, 1991).

[2]
"Are Cy Young Award Winners Jinxed?: Injuries to Cubs' Rick Sutcliffe Seem to Credence to the Belief," *Los Angeles Times*, August 11, 1985, https://www.latimes.com/archives/la-xpm-1985-08-11-sp-2900-story.html.

均值回归给予我们的另一个启示是：只要不断尝试，虽然大多数结果较为普通，但当重复次数足够多时就有可能得到一个非凡的异常值。比如，假设你连续几年每周写一篇博客文章，大多数博文的阅读量或许都大体相同，但可能终究会出一篇爆款文章。只要坚持下去，写作技能就会提高，也有更多的机会让运气发挥作用。正如一个极端结果并不总是一种新规律的开端，大量的普通结果也不妨碍出现偶然的巨大成功。

福特埃德塞尔只是一辆车

并非每次努力都会产生罕见的惊人结果，总会有一个均值存在。很多时候，我们给自己施加了太多压力，要求自己时时刻刻做到最好，以至于达到自己的平均水平看起来就像失败一样。均值回归是一个很有价值的模型，有助于理性看待均值。我们可以控制自己的平均水平，可以努力使其相对较高，但总还是存在一个均值，不能永远期待异常的成功。不妨就从平均水平的角度来了解一下福特埃德塞尔的故事。

1957 年，16 岁的唐·马泽拉因为一个相当不寻常的原因逃课了。他不是去公园抽烟，也不是去见女朋友，而是和几个朋友偷偷溜出去看一辆车。[1] 他们并没打算买车或者偷偷开出去兜风，只是单纯想知道这辆车长什么样子。

为何他们对这款车如此好奇？他们要看的车是埃德塞尔，由福特公司在其所谓的"E 日"隆重推出，它与公司创始人亨利·福特的儿子同名，可能

---

[1] Peter Carlson, "The Flop Heard Round the World," *Washington Post*, September 4, 2007, http://www.washingtonpost.com/wpdyn/content/article/2007/09/03/AR2007090301419_pf.html.

是20世纪50年代炒作得最厉害的产品。

在埃德塞尔发布之前,所有人都听说过它,但没人知道它究竟长什么样。福特在发布前进行了为期两年的广告宣传。它的名字随处可见,但广告上并没有这款车的图片。[1] 为了保持神秘感,留下悬念,广告只展示了一些小细节或者无关紧要的图片,并配以大胆的宣传。

福特公司信誓旦旦地声称埃德塞尔将是有史以来最伟大的汽车。20世纪50年代,买车对美国人来说是件大事。二战后,汽车从奢侈品变成了大众商品。随着高速公路和加油站、汽车旅馆等周边基础设施的建设,汽车的普及切实改变了美国的面貌。人们为拥有汽车感到自豪,将其视为新形式的自由和繁荣的象征。因此,埃德塞尔抓住了大众的想象力,而它的革命性似乎也合理可信。既然汽车已经改变美国,一款新车为什么不能再次掀起一场革命呢?

埃德塞尔的宣传费用高达数百万美元。福特最初的想法是战略性地打入中端汽车的新市场,这在当时是由他们的主要竞争对手占据主导地位的市场。受几年前福特雷鸟的巨大成功的激励,管理层坚信埃德塞尔绝不会失败。既然雷鸟能卖得那么好,埃德塞尔的广告预算更多,想必只会卖得更好。[2] 他们已经打造出过硬的品牌,也赢得了消费者的信任。

---

1   Jamie Page Deaton, "Why the Ford Edsel Failed," How Stuff Works, July 8, 2015, https://auto.howstuffworks.com/why-the-fordedsel-failed.htm.

2   Mark Rechtin, "The T-Bird: Whoever Did It, Did It Right," *Automotive News*, June 16, 2003, https://www.autonews.com/article/20030616/SUB/306160815/the-t-bird-whoever-did-it-did-it-right.

在当地的汽车展厅，人们排起了长队只为一睹埃德塞尔的风采。马泽拉和他的朋友们就在队伍中，再过一个转角，他们就能看到它了。然而目光一落在埃德塞尔上，他们就和其他美国人产生了同样的感受。埃德塞尔不过是一辆车罢了。对很多见过它的人来说，它无甚特别，垂直的巨大前格栅看起来怪异而扭曲，仿佛一张做鬼脸的嘴。[1] 兴奋的泡沫旋即破裂。美国人对埃德塞尔大失所望，销量远远低于预期。

埃德塞尔令人失望的部分原因在于过度炒作，期望越大，失望越大。宣传激发了好奇心，抬高了人们的期待值，使得最终发布的产品远远达不到人们的预期。此外，上市过程也并非完美。早期的车辆存在一些技术问题，虽然问题不大，却有损它的形象。福特没能发明出真正革命性的产品，于是只能把埃德塞尔吹得天花乱坠。

不到两年，福特就停止了埃德塞尔的销售。[2] 据估计（可能有些夸大），按今天的价格计算，总损失高达 20 亿美元。福特试图利用广告使其更受欢迎，结果却弄巧成拙、适得其反。正如戴维·加特曼在《汽车鸦片：美国汽车设计社会史》一书中所述："埃德塞尔确实与众不同，但宣传太盛，以至于对大众的推荐显得不够真诚。"[3]

托马斯·邦索尔在《迪尔伯恩的灾难：埃德塞尔的故事》一书中表达了类似的观点："大众喜闻乐见巨人的陨落。'泰坦尼克号'成了一出现代道德

---

1   Richard L. Oliver, *Satisfaction: A Behavioral Perspective on the Consumer* (Oxfordshire: Routledge, 2010).

2   Eliot A. Cohen, *Military Misfortunes: The Anatomy of Failure in War* (Riverside: Free Press, 2012).

3   David Gartman, *Auto Opium: A Social History of American Automobile Design* (London: Routledge, 1994).

剧：人类走得太远，太不可一世，于是不可避免地遭到了报应。埃德塞尔也是如此。"[1] 看到福特最终失败，人们幸灾乐祸。（福特并未沉沦太久，继埃德塞尔之后，又于 1964 年推出了福特野马。）

在过去的几十年间，失败的车型数不胜数，其中有些甚至比埃德塞尔更具戏剧性，但埃德塞尔仍然是最著名的失败案例。颇具讽刺意味的是，由于产量太少，现存的埃德塞尔价值不菲。正是埃德塞尔的失败让它在钟爱 20 世纪 50 年代汽车的收藏家中更受欢迎，其中一部分人尤其喜欢它有些滑稽的前格栅。

埃德塞尔的故事十分复杂，失败也并非一个原因所致。毫无疑问，发布前的大肆宣传抬高了消费者的预期。但在研发期间，福特内部出现了一些问题，导致了许多糟糕的决策。

要理解为何埃德塞尔的故事经久不衰，一种方法是从均值回归的角度加以分析。企业始终承受着每款新品都要再创新高的压力，但有些新产品就是很普通。埃德塞尔前有雷鸟，后有野马，两款车型都取得了惊人的成功。与这些车型相比，埃德塞尔似乎是个巨大的失败。实则不然，它其实还不错，有人很喜欢它。它不过是一辆普通的车，适合妈妈带孩子参加棒球训练，或者保险推销员开去上班。

纵观福特历年生产的车型，有的销量惊人，有的无人问津，剩下的都介于

---

[1] Thomas E. Bonsall, *Disaster in Dearborn: The Story of the Edsel* (Stanford: Stanford General Books, 2002).

两者之间。推出的车型越多，从统计学的角度来看，销量一般的车型也就越多。而埃德塞尔的问题在于大肆宣传抬高了预期，而当结果平平无奇时，前后的落差引发了大众的失望。

反击

纵观历史，极端和反常事件之后，往往发生的都是更稀松平常之事。我们学习的都是亮点，而更多平凡之事甚至没有被记录在案。因此，均值回归是用来观察历史变迁的一个有趣视角，它表明切勿基于刚刚发生之事对未来草草做出预判。

历史错综复杂，各种随机因素相互影响，无法以简单的统计概念证明其中存在确定的规律。然而，使用均值回归作为模型有助于正确看待成功和失败的极端情况。极端事件未必是新趋势的开端，戏剧性事件并不总能改变这之后事情的发展方向。

征侧和征贰姐妹二人（合称征氏姐妹）[1]出生于交趾[2]。虽然其确切的出生和死亡时间不详，但她们最为人熟知的就是其在39—43年的活动。征氏姐妹因此成为越南的民族英雄，流芳百世。当时的交趾妇女享有极大的自由，作为雒将之女，她们的成长环境也相对优越。[3]交趾妇女能够继承财

---

[1] 征氏姐妹（约14—43），生平不详，在越南被奉为坚强领袖的典范。许多寺庙都供奉着姐妹二人，每年二月初，越南还会举行全国性的纪念节日。

[2] 中国古代地名，位于今越南北部。——编者注

[3] Lynn Reese, "The Trung Sisters," Female Heroes of Asia: Vietnam, Women in World History Curriculum, accessed November 18, 2020, http://www.womeninworldhistory.com/heroine10.html.

产，并在政治、法律、商业和军事领域任职。根据某些说法，彼时的交趾是母权制社会，不过这也可能是为了与父权制的中国形成鲜明对比而夸大其词的说法。[1]

自公元前 111 年以来，交趾一直由中国统治，前后延续了 1 000 多年，中间只短暂独立过几次。汉朝试图在当地实现汉化，推行以儒家思想为基础的生活方式，还采取了赋税制度等不受欢迎的举措。39 年，交趾的将领、征侧的丈夫诗索因抗议增加赋税而被处决。征侧并未就此一蹶不振，而是化悲伤和愤怒为动力，同妹妹一起集结了一支 8 万人的军队，其中大部分是未经训练也无装备的普通民众。担任将领的主要是妇女，她们在世人心目中的形象通常是骑在大象背上作战的女将。

传言道，征侧杀了一只吃人的老虎，在虎皮上写下了自己的目标，随后便率领军队反击汉朝。还有一个传说是，当时有一名士兵怀着九个月的身孕上了战场，在战场上生下孩子，然后把孩子绑在背上继续战斗。

虽然故事本身未必可信，却生动体现了人们对这支军队的看法。[2] 因为举兵让人始料未及，她们总共夺取了 65 座城池，自立为王。

征氏姐妹共同统治了交趾长达 3 年，帮助交趾人民恢复了公平的制度，包括取消了最初引发叛乱的重税。此外，她们还复兴了被汉朝文化取代的本

---

[1] Kathleen Barry, *Vietnam's Women in Transition* (London: Macmillan Press 1996).

[2] Paige Whaley Eager, *From Freedom Fighters to Terrorists: Women and Political Violence* (London: Taylor and Francis, 2016).

地文化，比如传统语言和文学。然而事实证明，这场叛乱不过是个异常值。起初，征氏姐妹的成功部分原因在于汉朝准备不足，被打得猝不及防。但因为实力悬殊，汉朝迅速反败为胜，他们接下来在交趾的行动才更符合汉朝军事能力的均值。

43 年，汉朝平定叛乱，重新掌控了交趾，严惩叛乱分子。除了肃清叛党余孽，汉朝还积极推行汉化。据说，姐妹二人因斗争失败而悲痛欲绝、万念俱灰，双双跳入河中。她们的军队势单力薄，无法长期抵抗汉朝军队。时至今日，越南各地都在纪念二人，她们仍然有着鼓舞人心的力量。[1]

将均值回归作为一种隐喻视角而非纯粹的数学概念，可以让我们深刻地认识到非比寻常的巨大成功通常不会带来更多相似的成功。征氏姐妹的成就在彼时实属异常，而非新形势的开端。在刚入门一件事时，不妨试着找到均值，这样你就能知道自己初期的成果是否具有代表性。

结论

均值回归是观察世界的一个绝佳视角，它能帮助你理性地看待成败。每个人都有一个（能力）均值。当存在运气成分时，与其试图复制一次非同寻常的成功，或者在经历重大失败后选择放弃，不如努力找到均值，并在此基础上再接再厉。

---

[1] "Trung Sisters," Britannica.com, accessed November 18, 2020, https://www.britannica.com/topic/Trung-Sisters.

数学

05 乘以 0

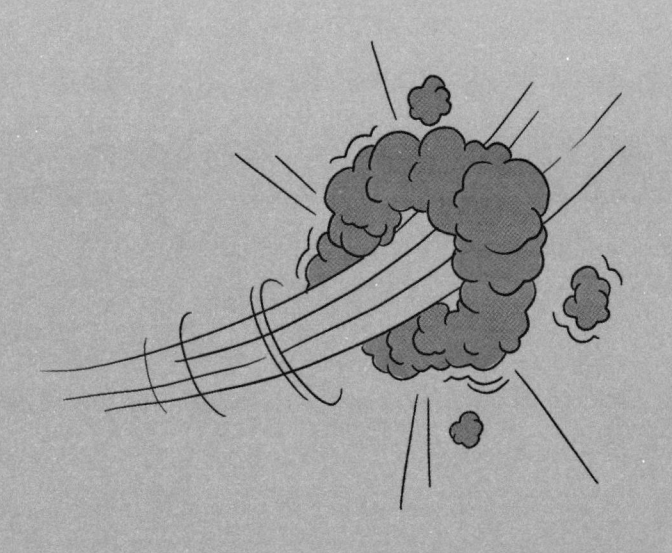

数学

———
终极破坏者。

这一思维模型能教会我们寻找"0",即任何系统中可能导致全盘崩溃的薄弱部分。任何数乘以 0 都等于 0,这是我们小时候就学过的基本算术。在一个乘法系统中,如果忽略 0 的存在,再优化其他部分都毫无意义。在最薄弱的部分投入精力永远是值得的,因为其他部分再好也无济于事。不管你是用 0 乘以 100 还是 285 490 940,最后的结果都没有区别。

0 看似常见,我们却很容易忘记它的伟大之处。离开它,现代数学的许多部分将无法实现。要是没有这种表示"没有数量"的方法(任何数乘以 0 还是 0),早期的数字系统就无法进一步发展。

> 乘以 0 会破坏信息。这意味着过程不可逆。有些活动具有极大的破坏性,一旦发生便无法挽回。
> ——保罗·洛克哈特

不管是两个 0 还是 50 亿个 0 都没分别。在乘法系统中,每个数字都能体现该系统中其他数字的性质。例如,2×3 既表示 3 个 2(2+2+2),也表示 2 个 3(3+3)。同理,2×0 既表示有 0 个 2,也表示有 2 个 0。0 个 2 等于 0,2 个 0 也等于 0。所以在含 0 的乘法系统中,最后的结果永远是 0。不管把多少个 0 加在一起,和永远是 0。而系统中其他的数也都没有价值。

乘以 0 的原理同样适用于数学以外的领域。任何乘法系统的强度都取决于其最薄弱之处,系统中的 0 可以抵消一切。例如,在一个能力出众、组织有序的团队中,只要有一个不思进取、不停抱怨的人,就可能拖累其他所有人。一家公司可能拥有强大的品牌、庞大的用户群和实用的产品，但一位公开发表种族主义言论的首席执行官很可能会毁掉这一切。只要前门没关，房屋里装的安全系统再先进也无济于事。

这一思维模型的价值在于教会我们如何定位 0、避免引入 0，以及改造现有的 0。假设你在为一家餐厅的顾客设计理想的用餐体验。对于顾客来说，"0"意味着什么呢？去餐厅当然是为了吃饭，对顾客而言，餐厅系统最重要的组成部分就是美味佳肴。漂亮的装潢、周到的服务、良好的氛围——这一切都无法弥补已经变质的番茄汤、意面酱或鱼肉。

这家餐厅可以用金杯盛水，也可以坐落在迷人的法国城堡里，但如果菜肴寡淡无味、毫无创意，那便很难吸引回头客。糟糕的食物就是餐厅系统中的 0，美味佳肴可以弥补上菜太慢的不足，但是再性感、再殷勤的服务生也无法弥补没煮熟的鸡肉。

民主德国技术窃取

我们都处于系统当中，无论是拥有上千员工的大型组织，还是只有几名员工的小型组织。大部分时间里，我们都在努力改善自己所处的系统。我们在工作中做出的许多决定都是为了改善它们，不管这对我们意味着什么，是更高的销售额、更强的灵活性，还是为客户带来更好的结果。决定投资什么、研究什么、如何自我发展和帮助他人发展，这些都可以通过评估系统组成部分的强度来实现。

工作环境属于乘法系统。无论你是为政府、本地啤酒厂或者高科技跨国公司工作，还是作为一名自由职业艺术家，你所在系统的每个组成部分的属性都会相互作用。要了解销售就意味着要吃透市场营销，要吃透市场营销就需要牢牢掌握研发，而研发又离不开财务。其中任何一环无法正常运转，都会对系统的其余部分产生负面影响。

因此，你必须具备识别系统中是否存在 0（系统中没有生产力的部分）的能力。如果系统的任何一部分中有 0 的存在，那么将时间、精力和资源投入系统的其他部分将不会产生任何结果。含有 0 的乘法系统犹如海市蜃楼。你能看到各种庞大的数字，以为它们足以弥补这个 0 的短板，但事实并非如此。

忽视 0 的一个例子就是在冷战结束时民主德国制造计算机的尝试。20 世纪七八十年代，民主德国和联邦德国之间的技术竞赛进行得如火如荼，计算机一度被视为一项重要技术，是赢得竞赛的关键因素。民主德国有一个目标，正如克里斯蒂·马克拉奇斯在《秘密的诱惑》一书中所述："不亚于建立一个自给自足的本土计算机产业。"[1]

然而，他们距离自己开发出计算机技术还差着十万八千里。经过几十年（最终证明无以为继）的社会实验，他们创造了一个不利于创造力、创新和合作的系统。这对发展计算机产业来说绝非理想。

---

1 Kristie Macrakis, *Seduced by Secrets* (Annapolis: Naval Institute Press, 2008).

此外，由于当时的政治环境，民主德国也无法通过与西方科技公司合作来建立计算机产业。到 20 世纪 70 年代末，大多数西方技术都处于禁运状态，不得向社会主义国家出售或分销。

民主德国的解决方案是买不到的就偷。在民主德国国家安全部（常被称为史塔西）的领导下，他们想方设法绕过禁运，开始窃取制造计算机所需的信息和技术。他们获得了从蓝图到硬件的所有资源，通过逆向工程破解技术，用于后续制造。民主德国在此类行动上花费了数十亿马克。

举个例子，"民主德国没有开展自主研发工作，而是直接进口一家工厂所需的全部技术和生产设备，以便每年生产 2 000 万到 3 000 万个 256K RAM（随机存取机）电路。"此处的"进口"是指支付远高于市场价的费用，通过精心设计的非法途径引进禁运技术。然而这家工厂最终并未建成。

总的来说，民主德国建立计算机产业的计划彻底失败了。为什么呢？因为他们没有进行自主研发，不让科学家出去参加研究工作或汲取知识，所以无法在内部建立所需技术。整个发展计划都建立在窃取的基础之上。本来可以用于研发的资金却被投入引进禁运技术的精心策划。正如马克拉奇斯所述："这就是史塔西表现出的主要矛盾：一方面，他们通过获取所需的禁运品或秘密技术，大力支持国家项目；另一方面，出于安全顾虑，他们限制科学家进行必要的国际旅行，实施一系列弊大于利的安全措施，最终有损自身利益。"因此，尽管经过多年的努力，民主德国还是没能实现其技术生产目标。

他们之所以会失败，是因为创新不会凭空产生。发明史告诉我们，再聪明的人在成功之前也失败了很多次。他们会汲取他人失败的教训，检验自己的假设，并不断修改完善、精益求精，在此过程中积累大量知识。他们不仅学习如何让事物运转，还会钻研成功背后的道理。因此，在出现问题时，他们就有深厚的知识储备可以利用。他们可以排除故障、不断调整并最终实现改善。

民主德国没有从发展和失败中获得任何知识。"他们忘记了一点：基于盗版和抄袭的科技体系永远无法获得领先地位。"因为他们没有发展自己的知识体系，所以无法排除故障、不断调整，最重要的是他们无法创新。马克拉奇斯表示："机器送达后往往无法运转。因为是从非法渠道获得的，所以没法向维修人员求助。有时，等待解开的是整个谜题，但手边能得到的只有零碎的信息。不过根本的问题还在于保密性。（史塔西的）秘密崇拜与开放的科学精神可谓水火不容。"

缺乏协作和无法从经验中获得知识就是他们的 0，是系统中让其他组件全都化为乌有的部分。为了解决问题，民主德国调用了更多人力，也投入了更多资金，但如果乘法系统含有一个 0，那么增加系统中其他部分的价值也于事无补。

如何在系统中找到 0？0 不会隐藏。事实上，当你将视角拉远，将系统看成一个整体时，它们通常会非常明显。我们往往刻意忽略 0 的存在，天真地以为它们会"自我修复"，或者会天降神兵，化腐朽为神奇。0 是让我们望而生畏的持续性结构缺陷。如果选择逃避，我们就会落入江湖骗子的陷阱，轻信他们真的拥有一个基于最新技术／心理学研究成果／他人意外成功的能帮助我们轻松解决问题（但通常代价很大）的方案。

化 0 为 1 并非一朝一夕之事。但对所有必要的组件来说，所有的 0 都可以变成 1。在尝试制造计算机的过程中，史塔西缺少的是至少一个掌握了所需知识的、曾经学习过、当过学徒或者与其他从业者共事过的人。他们为何就是找不到这样一个人呢？

之所以没有这样一个人，是因为他们没有创造出允许这样的人存在的文化。发明家会提出问题，探索各种可能的选择，挑战现状。这些行为在冷战时期的民主德国都不被鼓励。史塔西要想化 0 为 1，就必须改变文化以支持创新。他们必须打造一个团队或组织来支持所需的创新型人才。如此，他们便可以培养出不止一个能解决问题的人才。这就是化 0 为 1 的神奇之处，其结果是你拥有的其他巨大数字在此时都能重新派上用场。

这很难做到。对史塔西而言，实施此类结构性改革无异于变相承认其社会制度的失败。不过，大多数人都明白成功极其复杂，背后有许多促成因素。美满的婚姻或赚钱的生意都不是只有一个秘诀。这些系统有许多组成部分，所有部分都必须高效运转才能共同取得成功。然而，往往只需一个因素就能导致失败。如果系统中的一个重要组件被忽视，那么整个系统都会崩溃。

作物多样性

倘若失败的后果十分严重,那就要尽一切努力避免0的出现,以免此前的努力付诸东流。这一点在农业领域表现得尤为明显。在农业领域,保持作物的多样性至关重要。

作物多样性是指在农业中采用多种类型作物的做法,既包括同一作物的不同品种,也包括同一品种的不同变体。这一原则不仅适用于农民、社区,更适用于国家乃至全世界,不仅针对正在种植的作物,也针对未来有能力种植的作物,既包括驯化品种,也包括野生品种。依赖单一作物绝非明智之举,因为一旦出现植物病害、寄生虫或气象灾害等问题,就会颗粒无收。对自给自足的农民来说,这就意味着食不果腹。在更大的范围内,如果世界上大多数人都吃同样的食物,作物歉收就可能引发大面积的饥荒,甚至政治动荡。作物同质性还存在其他风险,如土壤枯竭和侵蚀。

不幸的是,随着世界上越来越多的人开始依赖小麦、水稻和马铃薯,作物多样性逐渐减少。[1] 乘以0的思维模型充分说明了尽力避免因为一个问题导致满盘皆输的重要意义。拥有作物多样性就好比拥有了多个等式:给其中一个等式乘以0,并不会使其他等式也变成0。

始于1845年的爱尔兰马铃薯饥荒就是一个典型的例子,体现了缺乏作物多样性带来的巨大风险。由于一种感染马铃薯的真菌在全国蔓延开来,超过1/3的人口在长达5年的时间里缺乏主要的食物来源。[2] 不仅人类高度依赖马铃薯,马铃薯本身也缺乏遗传多样性。无性繁殖意味着所有作物都是克隆体,基因完全相同。一旦出现针对这一特定作物的真菌,所有植株都同样易感,没有遗传多样性来确保部分植株具有抗性。[3]

乘以0这一思维模型表明,不要过度依赖一件可能失败的事情,这很重要。

1
Mark Kinver, "Crop Diversity Decline 'Threatens Food Security,'" BBC News, March 3, 2014, https://www.bbc.com/news/science-environment-26382067.

2
Jim Donnelly, "History–British History in Depth: The Irish Famine," BBC, February 17, 2011, http://www.bbc.co.uk/history/british/victorians/famine_01.shtml.

3
"Monoculture and the Irish Potato Famine: Cases of Missing Genetic Variation," Understanding Evolution, University of California, Berkeley, accessed August 12, 2020, https://evolution.berkeley.edu/evolibrary/article/agriculture_02.

转变 0

有时我们觉得自己的个人等式中也含有 0，比如存在某个特征、能力缺陷或疾病，会抵消我们在其他方面的努力。当我们努力培养技能和能力，却感觉这一切都被自己的某个弱点限制时，我们可能会因此灰心丧气。这种感觉在口吃者身上颇为常见。有时，他们在语言表达上的困难似乎掩盖了自身知识和经验的价值。为了克服口吃施加的限制，许多口吃者发现了各种能有效控制口吃的技巧和治疗方法。但应对口吃往往不仅意味着解决症状本身，还要克服童年时因口吃形成的自卑感。有许多引人入胜的故事讲述了人们是如何以各种方式将口吃及其负面影响这个 0 转化为 1 的。

口吃是"一种言语的流畅性障碍"。[1] 口吃者可能会重复单词或音节，或者在发音上存在困难。对口吃者来说，最令人沮丧的一点是，表达的困难程度根本不能代表他们的思维和智力水平——他们知道自己想说什么。造成问题的原因是口吃者大脑中的想法与在常规对话中表达想法的能力之间存在脱节。口吃本身并没有什么问题，只是一种不同平常的说话方式，会让其他人难以理解。

对许多口吃者而言，这一生理状况还会产生进一步的影响。它会导致自卑和焦虑，因为口吃者的日常生活会因他人的评判而成为巨大的挑战。梅奥诊所表示："在一个人感到兴奋、疲惫、压力很大，或者觉得不自在、着急或压抑时，口吃可能越发严重。打电话或者在一群人面前发言对口吃者

---

[1] "Stuttering," Mayo Clinic, accessed November 18, 2020, https://www.mayoclinic.org/diseases-conditions/stuttering/symptoms-causes/syc-20353572.

来说尤其困难。"甚至最基本的日常互动都可能成为口吃者压力和紧张的持续来源，导致他们逃避必要的社交互动和人际关系。

口吃无法治愈，但可以通过言语治疗和认知行为疗法等实现极大的改善。不过，口吃永远不会完全消失，因此必须始终加以控制。

口吃造成的一个后果是，你常常会觉得不管在生活的其他方面付出多少努力，最终都会因为口吃而被全盘否定。无论你多么学识渊博、风趣幽默，又从过往经历中汲取了多少智慧，言语表达的困难都会掩盖你思想的价值。

口吃影响着数百万人。可能让许多人感到惊讶的是，不少口吃者都在公共演讲方面取得了成功。从詹姆斯·厄尔·琼斯到英国国王乔治六世，从卡莉·西蒙到温斯顿·丘吉尔，许多口吃者都找到了在特定公共场合有效控制口吃的方法。

玛丽莲·梦露[1]是最早公开谈论口吃对个人生活影响的名人之一。在1955年与美国专栏作家莫里斯·佐洛托的一次讨论中，梦露回忆道："可以说，我有很长一段时间直接放弃了说话。上学时总觉得很尴尬。每次老师叫我回答问题，我都觉得自己要死了。我总是不想开口，害怕一张嘴就说错话

1　玛丽莲·梦露（Marilyn Monroe, 1926—1962），一位传奇人物，出演了多部热门电影。由于厌倦了被类型化，并且知道自己作为演员还有更大的潜力，梦露于1955年与人合伙创办了属于自己的制片公司。她在镜头前魅力四射，是一位才华横溢的喜剧演员，对好莱坞性别歧视的双重标准也非常敏感。如果不是英年早逝，她无疑会为历史做出更大的贡献。

或者犯蠢。"[1] 然而，她最终打破了这一限制，在电影行业取得了成功。

许多患有口吃的演员都曾谈到，扮演角色能帮助他们远离言语困境，从而控制口吃。例如，《W》杂志的一篇文章描述道："艾米丽·布朗特[2] 因为严重口吃，几乎无法与人交流，更不必说站在聚光灯下了。'我小时候很聪明，有很多话想说，但就是说不出来……那些话只会一直萦绕于脑际。我从没想过自己有朝一日能坐下来与人交谈，就像现在这样。'"[3] 后来，学校里的一位老师建议她去上表演课，正是这段经历帮助她控制了口吃。

关于口吃的另一个有趣事实是，它往往会在唱歌时消失。许多口吃者发现，有了音乐，发音就变得容易多了。在1996年出版的自传中，B.B.金[4]写道：

> 言语表达对我来说太困难了。我永远没办法以我想要的方式表达自己，仿佛大脑会和嘴巴打架，想法都卡在了喉咙里。有时一卡就是好几秒，甚至几分钟。小时候，我说话结巴，心里的话说不出来，到现在我说话也不算流利，说不出什么华丽的辞藻。要是有一天，我被冤枉了，恐怕都很难为自己辩解。我会结结巴巴、支支吾吾，直到法官把我扔进监狱。言语不是我的朋友，音乐才

1　Maurice Zolotow, *Marilyn Monroe* (New York: Perennial Library, HarperCollins, 1990).

2　艾米丽·布朗特（Emily Blunt, 1983—），当代演员，在《明日边缘》和《欢乐满人间2》等多部引人入胜的影片中展现了全面的技能。

3　"Putting It Bluntly," *W Magazine*, October 1, 2007.

4　"蓝调之王" B. B. 金（B. B. King, 1925—2015）于1987年入选摇滚名人堂。1970年，他录制了《库克郡监狱现场》（*Live in Cook County Jail*），收获极大赞誉。受到这段经历的启发，B. B. 金与他人共同创立了"促进囚犯改造基金会"，此后经常去监狱中免费演出。

是。声音、音符、节奏,我用音乐表达自己。[1]

鲁宾·卡特[2]能逐步有效控制口吃,唱歌功不可没。口吃基金会存有许多口吃者的简介,其中就包括卡特的:"鲁宾·卡特从小就因口吃而遭受霸凌,被迫经常打架。最后因为打架十分厉害,被人劝说成为职业拳击手。"[3] 2006 年,卡特受邀在尼古拉斯·巴拉西的节目《问题》中接受采访,他表示:"在我人生的前 18 年,我没法说话,结巴得很厉害,所以打架对我来说就是一件自然而然的事情。因为面对嘲笑,如果你准备反击,那最好知道该怎么打,否则就会被揍得屁滚尿流。这就是我走上拳击道路的原因。"[4]

在 1974 年出版的自传《第十六回合:从头号选手到第 45472 号》(这本书是卡特在狱中所写)中,卡特公开谈及自己的口吃。他表示:"我没法靠说话来自救。别人总是说等我长大了,语言功能自然就会恢复正常,但事实并非如此。我越努力说话,口吃就越严重。久而久之,我养成了尽量少说话的习惯。"[5]

---

[1] B. B. King, *Blues All Around Me: The Autobiography of B. B. King* (New York: HarperCollins, 1996).

[2] 鲁宾·卡特(Rubin Carter, 1937—2014)是一名拳击手,也是著名司法不公案的受害者,他被诬告犯有谋杀罪,在狱中度过了 18 年。被改判无罪后,他移居加拿大,成为一名广受欢迎的演说家,并获得了两个荣誉法学博士学位。卡特也是鲍勃·迪伦的歌曲《飓风》(Hurricane)的灵感来源。

[3] "The Turbulent Life of Rubin 'Hurricane' Carter," Stuttering Foundation, accessed November 18, 2020, https://www.stutteringhelp.org/content/turbulent-life-rubin-hurricane-carter.

[4] Rubin "Hurricane" Carter, interview by Nicholas Ballasy, *On the Issues,* accessed November 18, 2020, https://www.stutteringhelp.org/content/turbulent-life-rubin-hurricane-carter.

[5] Rubin Carter, *Sixteenth Round: From Number 1 Contender to Number 45472* (Chicago: Chicago Review Press, 2011).

当发现自己一唱歌就不口吃时，卡特的言语表达开始发生变化。詹姆斯·S. 赫希著有《飓风：鲁宾·卡特奇迹般的旅程》（Hurricane: The Miraculous Journey of Rubin Carter）一书，口吃基金会分享了其中的一段："卡特努力将唱歌时那种轻松的流畅性迁移到日常说话中。他还坚持练习声调的抑扬顿挫，逼自己当众发言，最终成为一名令人信服的演说家。"说话时学会放松并练习声调的抑扬顿挫是言语治疗的两个核心内容，帮助数百万口吃者在一定程度上得以控制口吃。

控制口吃并不总会带来如此显赫的成就，但这不是重点。我们常常认为，自身的某些条件是固有的限制因素，是让个人等式百无一用的 0。然而，0 可以塑造我们，激励我们培养新的技能和素养。控制口吃的例子生动地说明了转变 0 的力量。由于口吃永远无法治愈，关键并不在于消除 0。口吃者已经找到许多方法，将 0 转化至足以变为 1 的程度，从而激活等式其余部分的力量。

结论

我们常把生活当作乘法等式，希望自己的技能和经验不是用于解决个别问题，而是能在生活的许多方面成倍提高价值。我们希望将来之不易的知识运用于各项任务。一个简单的 0 就会让任何乘法等式的值化为乌有，所以这个模型告诉我们必须警惕 0 的出现，以防努力付诸东流。如果我们认为自己确实有一个 0，那么重中之重就是至少把它变成 1。

数学

06 等价

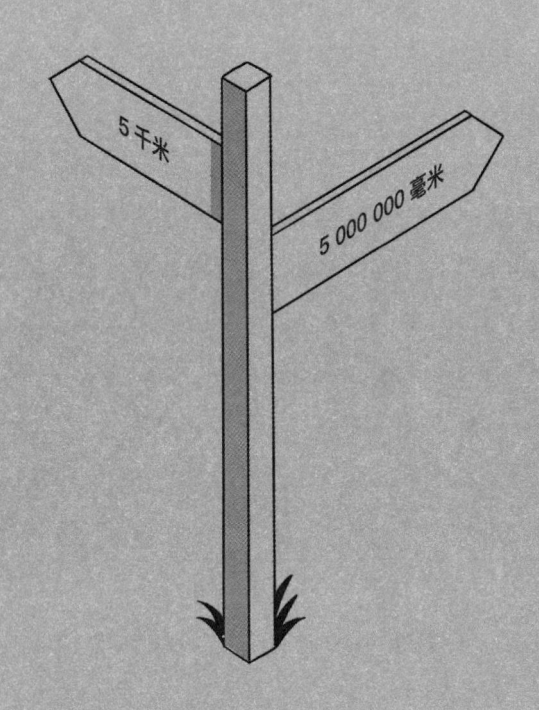

5 千米

5 000 000 毫米

等价并不意味着相同。

事物并不一定非得相同才叫等价。"等价"这一模型告诉我们，通往成功的道路往往有许多条。当传统的解决方案不再可行时，等价模型的作用就显现出来了。我们知道此时必须换一种应对方式，但同时又希望获得等价的效果。等价模型还提醒我们，想要更好地与他人相处，就不能只关注表面的差异，而要寻找深层次的等价体验。

在数学中，最基本的等价概念之一是"如果 A = B 且 B = C，那么 C = A"。我们可以推断出 A、B 和 C 不必完全相同，毕竟它们是用不同符号来表示的。但至少在此处的比较中，它们是等价的。在数学中，对同一个问题，不同的符号往往可以提供等价的答案。

研究数学的艺术在于找到包含所有普遍性起源的特例。[1]
——大卫·希尔伯特

世界上充斥着各种看似不同，但在某种程度上又等价的事物。以人类的共性为例。人类作为一个物种有着不可思议的多样性。尽管如此，世界各地的文化却往往在以等价的方法解决同样的问题。[2] 人类学教授唐纳德·布朗认为，这些共性包括禁忌语言、人们在完全自控和不自控时行为的差异、做出承诺、继承规则、对天气的预测和干预，以及身体装饰。虽然这些特征和行为的表现方式有所不同，但在不同文化中的目的是等价的。[3]

---

[1] Constance Reid, *Hilbert* (New York: Copernicus, 1996).

[2] "Human Nature: Six Things We All Do," *New Scientist*, accessed August 23, 2019, https://www.newscientist.com/round-up/human-nature/.

[3] Donald E. Brown, *Human Universals* (Philadelphia: Temple University Press, 1991).

有时事情会以等价但不尽相同的方式重复出现。历史重演是指看似等价的事件在历史的不同时期多次发生的现象。虽然"历史总在重演"这句话是老生常谈，但在林肯和肯尼迪遇刺、拿破仑和希特勒入侵俄国和苏联等事件中表现出的相似性实在不可思议。人们在相似的情况下，面对相似的动机，很可能会做出相似的行为。

> 我们知道，历史总会重演，发生在我们身上的事情往往是新瓶装旧酒。[1]
> ——乔治·艾略特

多次发现

关于科学发现与发明有一个经久不衰的迷思。我们会想象，一个孤独的天才在实验室或车间里辛勤工作，完成了一个又一个实验。突然有一天，狂风大作、电闪雷鸣，只听他大喊一声："尤里卡！"一个新的想法诞生了，人类知识的总和一下子就增长了。这个想法会以他的名字命名，奖项和专利纷至沓来，他的名字被载入史册。要是他在一天前被一架落下的钢琴砸中，那这个想法或许便永远不会存在。

但在现实中，发明和发现极少如此。大多数发现都是许多人朝着同一个结论不断努力，积累得来的成果。通常，多人或多个团队会在差不多同一时间独立得出等价的结果。过去，即使他们不知道彼此的研究工作，也有可

---

[1] George Eliot, *Scenes of Clerical Life: Janet's Repentance* (Boston: Lauriat Comp, 1908).

能发生这种情况。发明和发现会出现在不同的地方和不同的历史时期，钢铁、弹弓和算盘就是众多案例中的几个。

> 因为万事万物的发展都是循序渐进的，而非跳跃式的，所以大多数事物都在不同地方同时被发明出来，不同的人会走在同一条道路上，彼此都对对方的存在毫无察觉。
> ——凯文·阿什顿

没有人能完全脱离他人的思想或时代的背景。新发现是宏观科学和文化背景的产物，往往也是现有思想重新组合的结果。[1] 我们都会利用自己接触到的思想。研究人员的工作成果是穷其一生吸收他人成果的产物。[2]

举一些同时发现的例子（这样的例子不胜枚举）：查尔斯·达尔文和阿尔弗雷德·罗素·华莱士在不了解对方研究内容的情况下双双提出了自然选择。化学家卡尔·威尔海姆·舍勒于1772年发现了氧气，但直到3年后才将这一发现公之于众，而此时，另外两位化学家约瑟夫·普里斯特利和安托万·拉瓦锡也知道了氧气的存在。[3] 19世纪60年代，路易·杜科

1　Steven Johnson, *Where Good Ideas Come From: The Seven Patterns of Innovation* (London: Penguin, 2011).

2　William F. Ogburn and Dorothy Thomas, "Are Inventions Inevitable? A Note on Social Evolution," *Political Science Quarterly* 37, no. 1 (1922): 83–98, https://www.jstor.org/stable/2142320.

3　Julian Rubin, "The Discovery of Oxygen," February 2018, https://www.juliantrubin.com/bigten/oxygenexperiments.html.

斯·杜豪伦和查尔斯·克罗斯提出了类似的彩色摄影方法,[1] 但两人的方法有所不同,杜豪伦使用颜料,而克罗斯选择了染料。内蒂·史蒂文斯和埃德蒙·比彻·威尔逊各自独立证明了特异性染色体（X 和 Y）决定了生物的性别。[2] 梶田隆章和阿瑟·麦克唐纳因证明中微子具有质量而共同获得 2015 年诺贝尔物理学奖。[3]

专利法显然对发明的真正运作方式存在误解,认为专利权应属于非显而易见事物的发明者。[4] 言下之意是,作为发明的来源,他们理应从中获利。因此,获利的人往往并不是创新的唯一来源,他们只是众多创新者中的一员,只是碰巧是第一个申请专利或专利通过的人。1551 年,达兹·艾-丁在叙利亚描述了蒸汽涡轮机的构造,远早于 1698 年英国授予早期蒸汽机专利的时间。[5]

多次发现的现象告诉我们,事物即使不完全相同,也可以是等价的。虽然细节可能有所不同,但基本原理和概念是相同的,可以解决同样的问题。在大多数情况下,我们只把著名的发现或发明归功于推广它的人。因此,

---

1 Saman Musacchio, "The Birth of Color Photography," CNRS News, August 23, 2018, https://news.cnrs.fr/articles/the-birth-of-color-photography.

2 "Nettie Stevens," Britannica.com, accessed November 25, 2020, https://www.britannica.com/biography/Nettie-Stevens.

3 Nobel Media, "The Nobel Prize in Physics 2015," press release, October 6, 2015, https://www.nobelprize.org/prizes/physics/2015/press-release/.

4 Mark A. Lemley, "The Myth of the Sole Inventor," Stanford Public Law Working Paper No. 1856610 (July 21, 2011), https://ssrn.com/abstract=1856610 or http://dx.doi.org/10.2139/ssrn.1856610.

5 Salim Ayduz, "Taqi al-Din Ibn Ma'ruf: A Bio-Bibliographical Essay," Muslim Heritage, June 26, 2008, https://muslimheritage.com/taqi-al-din-bio-essay/.

我们未能充分理解创新的完整过程，也常常听不到那些主流之外贡献者的故事，特别是女性及少数族裔的科学家和发明家往往很难发表成果，他们的功劳可能会在日后归于他人。一旦某个人声名大噪，就更有可能获得荣誉，即便此前有人提出过同样的想法。

如何面对必然的死亡

死亡是全人类都需要面对的现实。我们知道自己的生命终有尽头，也知道总有一天必须面对至亲挚爱的离去。由于人类的社会属性，我们会对周围的人产生强烈的依恋。亲朋好友于我们而言意义重大，他们离开时，我们会感到痛苦，而应对亲友的死亡是所有人的必经之路。在不同文化中，应对的方式也各不相同。等价是看待世界上各种死亡仪式的有用视角，体现出得到相同结果的方法可以有很多种。

威廉·G. 霍伊在《葬礼重要吗》一书中写道："正如死亡是一个普遍事件，群体通过仪式来理解死亡似乎也具有普遍的吸引力。"[1] 世界上存在各种各样的安葬方式：有些基于宗教，比如犹太人的习俗是坐在尸体旁边，直至土葬仪式开始，印度教的传统则是搭一个柴堆进行火葬；有些以社区为中心，比如以聚会形式分享食物和饮料，或者组织送葬的队伍。霍伊还表示："人类有一种不可否认的需求，那就是理解死亡；葬礼仪式就是由社会群体为实现这一目的而创造的。"

1　William G. Hoy, *Do Funerals Matter?* (New York: Routledge, 2013).

玛德琳·维奥内特与斜裁

直到20世纪初,对许多西方女性来说,紧身胸衣仍是日常着装的标配。紧身胸衣的设计通常含有骨架结构,经过几个世纪的演变,其设计与时俱进,可以塑造出当时最具吸引力的女性身材。渐渐地,紧身胸衣不再流行,部分原因是一战期间材料紧缺。为了应对不断变化的潮流,设计师玛德琳·维奥内特想出了一种新颖的服装制作方法,证明了穿衣服好看的方法不止一种。"维奥内特独特的解决方案是将身体的运动融入她所设计的流畅造型,不再用骨架结构、橡胶材料和松紧带来提供支撑。"[1]

大多数人在家就能轻易验证:假设你抓着一块正方形布料(比如棉布)两条边的中间位置往外拉,那么布料只会有一点点拉伸,但如果你抓住布料四角中相对的两角再向外拉,拉伸幅度就会更大。1922年,维奥内特利用布料的这一特性(称为斜裁),在服装设计和制作中取得了惊艳的效果。

正如 J. E. 戈登在《结构是什么》一书中所述:"她的直觉是除了收紧绳子或者用力拉扯钩扣,一定有更多方法可以让服装合身。衣服的自重和穿着者的动作都会对布料产生垂直拉伸应力,如果布料与垂直应力成45度角,就可以利用由此产生的巨大横向收缩应力来获得紧身效果。"[2]

正如科林·麦克道尔在维奥内特的传记文章中所述:"从研究古希腊雕像开始,她迷恋上了'似水般流动'的柔软服装。在此基础上,她又向前迈了一大步,通过斜裁布料(此前这种裁剪方式只被用于衣领部分)创造了一种全新的衣形,可以称之为自由几何形状。用她自己的话说,这是为了'将面料从其他剪裁方式的束缚中解放出来'。她找到了自己的道路,并在此后的设计生涯中以一种近乎科学的严谨态度来解决服装问题。"

如今,斜裁已成为时尚的主流。它美观大方,更易贴合不同身材,而且使用较少的布料就能达到理想的效果。维奥内特创造的斜裁表明,在时尚界,塑造轮廓的方法不止一种。

1
Colin McDowell, "Madeleine Vionnet (1876–1975)," Business of Fashion, accessed June 22, 2020, https://www.businessoffashion.com/articles/news-analysis/madeleine-vionnet-1876-1975.

2
J. E. Gordon, *Structures* (Cambridge: Da Capo Press, 1978).

> 波斯帝国国王大流士曾召集随行的希腊人，问他们需要多少报酬才愿意吃掉自己父亲的遗体。希腊人说，无论给他们多少钱，他们都不会这样做。他又找来印度的卡拉提亚人，那是一个会在父母死后吃掉他们遗体的部落，还找来一名翻译，这样在场的希腊人也能听懂他们说话。他问卡拉提亚人，他们需要多少报酬才愿意火葬自己父亲的遗体。卡拉提亚人发出了恐惧的哭号，恳请他不要再提这么可怕的事。
> ——希罗多德，《希腊波斯战争史》

失去挚爱是件痛苦的事。在所有人类文化中，哭泣、愤怒和恐惧都是标准的反应。我们为逝去的生命而悲伤，为他们从我们的生活中消失而哀悼。我们很少独自面对这种痛苦，我们所举行的各种仪式都是为了帮助我们面对死亡。在《死亡如何模仿生命》一文中，詹姆斯·吉尔表示："在特定的文化中，无论采取何种形式，葬礼和丧葬仪式都是社会帮助所爱之人应对亲人死亡的方式。"[1] 或者如科林·默里·帕克斯、皮图·朗加尼和比尔·杨在《跨文化的死亡与丧亲之痛》一书中所述："死亡与丧亲之痛发生时，正是人们需要他人的时候。"[2] 在应对亲人的死亡时，我们都有同样的需求。只是满足这些需求的方式各不相同。

仪式解决的另一个死亡问题可以理解为死者生命经历的终结。帕克斯、朗

---

[1] James Gire, "How Death Imitates Life: Cultural Influences on Conceptions of Death and Dying," *Online Readings in Psychology and Culture* 6, no. 2 (2014): https://doi.org/10.9707/2307-0919.1120.

[2] Colin Murray Parkes, Pittu Laungani, and Bill Young, *Death and Bereavement across Cultures* (London: Routledge, 1997).

加尼和杨的结论是:"所有社会都把死亡视为逝者的一个过渡。"我们参与这种过渡的方式各不相同,但这种参与本身是不同文化中几乎普遍存在的。霍伊表示:"逝者安息并得到奖赏的概念在仪式中很常见,超越了宗教信仰和文化习俗。"

葬礼就是这样一种死亡仪式。吉尔表示:"不同文化的葬礼和丧葬仪式差异很大,会受到每种文化对生死观念的影响。"有些葬礼气氛阴沉,每个人都穿着深色的衣服,低声说话,有些则盛大而多彩,有些包括唱歌,有些则是跳舞,还有一些则融入了死者的故事。遗体处理的方式也各不相同,有的土葬,有的火葬。藏传佛教的一些信徒会选择天葬,让遗体回归自然。将各种传统联系在一起的是它们背后的目标:安慰生者和送别逝者。谈及葬礼,吉尔表示:"死亡是生命的最后过渡。葬礼通常被视为逝者和生者共同的过渡仪式。"

每个人都有应对死亡的需要。我们遵循的传统和仪式是激活这一过程的手段,让我们能为失去挚爱感到悲伤,也能对将来自己离世后会发生的一切感到放心。等价的视角表明,有许多方法可以满足我们的需要,虽然不尽相同,但在作用上完全等价。

结论

等价并不意味着相同。不同的输入可以产生完全相同的结果,而且解决大多数问题的方法不止一种。使用等价作为视角可以帮助我们认识解决方案的丰富性。我们可以更好地欣赏他人在不同道路上付出的努力,找到分享信息和经验的共同语言。

配套理念六
数量级

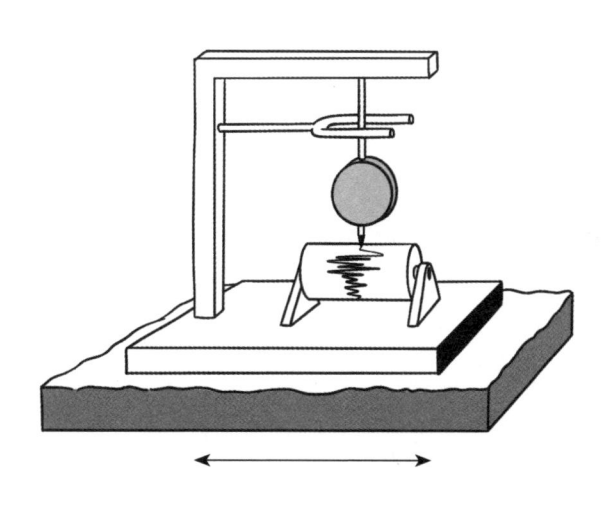

表示特别大或特别小的数字是一种挑战。大脑很难将其概念化,全部写出来可能也很麻烦。过去和现在的原始计数系统有时仅包含一、二和"许多"三个数量级,因为这些数字都是日常生活需要的。[1] 但今天,我们有时也需要处理一些无法直接描述的数字。科学本质上就是测量。随着科学的发展,测量的尺度也在不断拓宽,包括了细胞的重量和星系的大小等数值。

数量级是一种符号形式,用来简洁地表示大数或小数。一个数比另一个数大一个数量级,指的是前者是后者的 10 倍(10 的一次方)。而如果是小一个数量级,那么前者就是后者的 1/10。因此 10 比 100 小一个数量级,而 1 000 比 100 大一个数量级。我们用 10 的幂来表示数量级。在科学、数学和工程学等学科中,这种符号形式至关重要。

数量级的用处之一是帮助我们比较不同的数字,从而建立起大致的概念,比如说明地球的重量比汽车大多少个数量级。在处理不精确的数字和进行估算时,也会用到 10 的幂。

在日常生活中,我们可能很容易就能想象一个 20 人的群体,但是 100 万人的群体是什么样的呢?我们可以把 1 000 美元想象成一叠 1 美元或 100 美元的钞票,但是一叠 10 亿美元的钞票是什么样的呢?如果牺牲一定的准确性,学习概念化的数量级可以帮助我们比较数字。例如,假设每秒花 1 美元,花掉 100 万美元需要 11 天多一点儿,花掉 10 亿美元则大约需要 32 年。两者之间的差别是三个数量级。

里氏震级是一种运用数量级的地震测量系统,由地震学家查尔斯·F. 里克特和本诺·古登堡提出,用来衡量地震的大小和破坏力,最初设计时仅被用于美国南加州地区。[2] 尽管现行使用的还有其他标准,但"里氏震级"一般是所有按震级对地震进行分类和比较的方法的总称。使用数量级是表明地震之间大小差异的捷径。

里氏震级从低到高分为 0～10 级(更先进的地震仪可显示负数)。从理论上说,震级没有上限,但目前还从未有过 10 级或以上的地震记录。震级每升高一级,意味着地震产生的地震动效应是上一级的 10 倍,这也意味着地震释放的能量是上一级的 32 倍。迄今为止有记录的最大地震发生在 1960 年的智利,达到里氏 9.5 级。大多数地震都处于震级的底部,小到可以忽略不计。每年约有 130 万次地震的震级在 2～2.9 级之间,大约只有一次会达到 8 级或以上。[3]

正如里克特本人在其关于该主题的论文中所述:

在此方面既不期望也不要求精确。我们寻找的是一种直接基于仪器指示来区分大、中、小冲击的方法,从而摆脱个人估计的不确定性或报道的偶然性。[4]

比较不同级别地震的潜在破坏力是理解数量级的一种方式。

1
Tim Radford, "One, Two, ... Er, Too Many," *Guardian*, August 20, 2004, https://www.theguardian.com/world/2004/aug/20/highereducation.research.

2
"The Richter Scale," Earthquake Magnitude: The Richter Scale (ML), accessed August 23, 2019, http://www.johnmartin.com/earthquakes/eqsafs/safs_693.htm.

3
"Earthquake Facts," US Geological Survey, accessed September 11, 2019, https://earthquake.usgs.gov/learn/facts.php.

4
Kirtley F. Mather and Shirley L. Mason, *Source Book in Geology, 1900–1950* (Cambridge: Harvard University Press, 1970).

数学

07　表面积

了解你的接触面。

总的来说，我们可以把表面积看作物体与外界接触或能与外界发生反应的面积。一勺砂糖比一块方糖的溶解速度快得多，因为（砂糖与液体接触的）表面积更大。"表面积"这一模型有助于我们理解增大接触面何时有利、何时有害。有时我们想要更大的表面积，比如希望多多接触新想法时。但是，表面积太大也有风险，所以当我们想要保护自己时，不妨试试缩小表面积。

在化学中，反应物的表面积越大，反应速度越快，因为粒子之间的碰撞会更频繁。所以对于同一物质，粉末状比块状的反应速度更快。生火时，用许多小树枝要比用几个粗木块更易点燃。

在生物学中，生物会进化出或大或小的表面积，无论是生物整体，还是某些具体部位，以此达到不同的目的。人类的肺和肠都有很大的表面积，以此增加对氧气和营养物质的吸收。生活在寒冷地区的动物相比其他动物来说，表面积与体积之比更小，以此减少热量损失，反之亦然。感觉冷的时候，你可能会下意识地蜷缩身体来减少身体与空气接触的表面积。

"表面积"也可用于指代依赖关系或假设前提的数量。如果一个程序代码的表面积（依赖性）很小，那就更有可能保持良好的稳定性。项目也是如此，如果一个项目依赖十个团队，那么相较只需要一个团队的项目，前者按时完成的可能性小得多。

马戏学校与提高创造力

有时,无论是个人还是组织,都会遇到创造力的问题。我们需要新颖的点子,但绞尽脑汁都想不出来。我们依赖已有的知识,因此提出的想法往往千篇一律。在需要刺激创新时,不妨试试增加自己与新学科的接触面积。加大表面积可以带来多样性,而这或许正是创新和创造所需要的。

马戏团发展史上的一个小插曲生动说明了跨学科学习的价值。马戏团的历史源远流长,曾以多种形式出现。有关在公共场所玩杂耍或表演杂技的记载可以追溯到中世纪时期。自那时起,马戏团就随着社会环境的变化而变化,最终形成了如今常见的马戏团形式:大大的帐篷里有驯兽师、动物、小丑,以及空中飞人。

像"巴纳姆和贝利"这样的标志性马戏团会坐火车去全国各地巡回演出,每到一站就会搭建帐篷进行为期几天的表演,这一度成了人们最为熟知的马戏形式。所有演员都生活在马戏团里,他们的孩子也是,孩子长大后往往也会成为马戏演员。邓肯·沃尔在《普通杂技演员》一书中表示:"18—19世纪,在公共教育兴起之后,马戏演员依然自己教育孩子。"这就导致"孩子不仅学习了父母的技能,而且直接过着父母的生活,这种沉浸式体验转化为了惊人的能力"[1]。从很小的时候起,马戏演员就能轻松完成各种令人炫目的技巧。

1　Duncan Wall, *The Ordinary Acrobat* (New York: Vintage Books, Random House, 2013).

然而，这种代代相传的制度也引发了一个问题。马戏团的表演可能需要高超的技巧，但内容总是千篇一律。正如沃尔所述，"受制于传统，每代人都盲目重复着上一代人的演出"，由此催生出了一个艺术泡沫，"技术能力不断提高，但整体艺术表现形式停滞不前，随之而来的是令人乏味的墨守成规"。

最终，马戏团成了怀旧的代名词，只好将营销目标对准儿童，因为这是唯一觉得马戏新鲜刺激的群体。整个马戏行业的门票销量大幅下跌，而马戏团也似乎日薄西山，大有没落之势。

马戏是如何由盛而衰的呢？其中一个原因正如沃尔所述："几个世纪以来，家族传承成为马戏团的传统。尽管这种传统为马戏团提供了强大的力量和魅力，但它也存在一个根本性的缺陷。由家族控制的马戏团成了物理学家所称的封闭系统，虽然团体会四处巡演，但他们几乎完全与外界隔绝。"马戏团的表面积很小，表面积的边界不是围绕个人，而是围绕整个团体，与团体以外任何人的交往都少之又少。因此，发生创造性反应的机会也微乎其微。

时至今日，情况已然完全不同，如今的马戏团活力四射、百花齐放。在商业方面，太阳马戏团等公司具有广泛的号召力，年收入可达数十亿美元。表演也早已不同于传统马戏，很多已经取消动物表演，表演场所也多种多样，从独立剧院到星空下的露天场地，不一而足。观众去看的是别出心裁、充满活力的技巧和艺术。在过去的半个世纪里，创造力呈现爆炸式增长，原因之一是新马戏教育的表面积增大了。

邓肯·沃尔写道："马戏团摆脱创作困境的历史，可以说就是一部马戏教育发展史。这一切始于俄国。"俄国革命后，受政治不稳定因素的影响，许多马戏家族纷纷离开。广大民众想看马戏的需求得不到满足。因此，苏联政府认为维护和改善马戏团可以提高人民的生活水平，于是重新创办了苏联马戏团，并开办了一所专门学校。

事实证明，这些举措对马戏团的发展具有重要意义。沃尔解释了苏联是如何改变马戏演员教育的："学校的教学体系主要参考俄国著名的芭蕾舞学校，采用跨学科的教育方法。"学生在学习传统技艺的同时，还会学习哲学、物理、数学和化学，以"开发智力"并作为灵感的源泉。

为使新式教育日臻完善，苏联重新审视了马戏团的方方面面。"为鼓励创新，政府邀请来自其他领域的知名艺术家"共同设计马戏内容，"在全国各地的马戏'实验室'里，艺术家与科学家合作开发出了新的马戏技巧和设备"。

结果令人难以置信。"在20世纪五六十年代，当评论家都在哀叹西方马戏团的陨落时，苏联的马戏团却如日中天……他们成立了马戏创作工作室，来自各个领域的艺术家会聚集在此合作设计原创的马戏内容。这些机构的成果无论在艺术性还是专业性方面都无与伦比。"最终，演出穿过了铁幕。苏联马戏团开始在国外巡回演出，好评如潮，所到之处场场爆满，一票难求。他们在苏联国内建立了几十个永久性的马戏剧院，每年售出1亿张马戏门票。

这种跨学科的新式教育理念很快便传播开来，许多国家都开办了自己的马戏学校。其中最著名的是法国的国家马戏学校。他们也教授学生各种科目，在学生毕业前设置了一场毕业大戏，能让学生借此体验原创作品制作的全流程。沃尔在书中解释了个中原因："这能训练学生创作新作品，而不仅是表演作品，以确保马戏团持续的发展。"

这就是几乎葬送马戏的传统家庭教育与当代马戏教育之间的区别。如今的学生被寄予厚望，需要开拓创新，将马戏艺术推上新的高度。因循守旧远远不够，观众和演员都期待有新的想法推动艺术滚滚向前。

跨学科教育是马戏教育的核心，其本质就是增大表面积，从而促进更多的创造性反应，加快创新的步伐。知识面狭窄的人很难提出新的想法。接触不同的学科可以培养马戏演员在演出时的创造力。在缺乏创造力或新想法时，不妨试试增加自己的知识表面积。

游击战

有时减少表面积至关重要。缩小接触面可以让你不那么容易受到影响、操控或攻击。在设计安全措施时，需要在不影响功能的前提下尽可能缩小表面积。

在互联网安全领域，表面积指的是攻击者拥有的未经授权访问的机会数量。每增加一个接入口，表面积就会增加一点。例如，在公司中有权访问重要信息的员工会增加表面积，因为攻击者可以控制这些员工的账户。公司内部网络与互联网的连接点越多，对手的攻击途径就越多。虽然不可能实现绝对的安全，但拥有尽可能小的表面积可以降低出现漏洞的风险。

这绝不是现代才有的概念。中世纪的防御工事会采用窄缝窗户，城市四面筑有高墙，城门数量很少，都有士兵驻守，这也是通过减少表面积来加强安全等级的体现。表面积和防御之间有着天然的联系。你暴露在敌人面前的面积越小，越能集中资源为这些暴露点进行强有力的防御。

表面积小不仅是一种防守策略，也可以成为一种进攻策略。游击战本质上是使用小规模进攻团体对抗规模更大的常备军。游击队员从两方面缩小了自身的表面积：首先，他们以小股部队自主行动；其次，他们无须占领和控制特定的领土。这两个因素意味着留给对手的可攻击面积已经所剩无几。

游击战术的使用可以追溯到古代，当时的游击队员就是与特定地区的统治者作战的游牧民族。马克斯·布特在《隐形军队》一书中解释了机动的小股部队的优势："游牧民族没有城市、庄稼或其他需要防御的固定目标，因此不太担心敌人的攻击，敌人很难对他们形成震慑作用。"[1] 如若没有领土或其他固定设施需要保卫，暴露给对手的弱点就会大大减少。

这类战士逐渐演变成了更现代的游击队员，但减少表面积的基本作战原则并未改变。正如罗伯特·格林在《战争的33条战略》一书中所述："早期的游击战士深知，与集中军队相比，分散的小股部队有时更有优势。他们灵活机动，从不在正面、侧方或后方给敌军留下可乘之机。"[2] 没有守护

---

[1] Max Boot, *Invisible Armies* (New York: Liveright, 2013).

[2] Robert Greene, *The 33 Strategies of War* (New York: Penguin, 2006).

领土之忧的小部队,对付起来显然更为棘手。

游击战士会尽量减少基础设施,因为要始终保证自身的灵活机动。虽然游击队也有领袖,但他们倾向于围绕独立行动的小团体组织进攻。游击战之所以保持如此小的表面积,是因为这是他们成功的关键。正如布特所述:"游击战术一直是以弱胜强的手段。这也解释了为何起义者要从暗处发动战争,因为他们一旦处于明处,很快就会被消灭。"

菲德尔·卡斯特罗[1]于20世纪50年代在古巴领导的游击战或许是最著名的成功案例之一。他率领的反抗组织活动于古巴最高山区的移动基地,目标是推翻弗尔亨西奥·巴蒂斯塔[2]政权。他们最终的成功当然不仅依赖游击战,其战术也确实堪称教科书式战术。

卡斯特罗在山区起步时,手下只有20人左右。美国陆军特种作战司令部编制了一份题为"叛乱和革命战争案例研究:古巴1953—1959年"的报告。该报告清楚地表明,卡斯特罗的兵力不过巴蒂斯塔的零头,"卡斯特罗透露,1958年4月,他手下仅有180人"(巴蒂斯塔政权于1959年1月1日垮台),此外,"1958年8月,由卡斯特罗派去执行一次最为重要的任务的两个纵队总共只有220人"。[3] 相较巴蒂斯塔麾下成千上万训练

---

1   菲德尔·卡斯特罗(Fidel Castro, 1926—2016)。1959—2008年,卡斯特罗任古巴的领导人。他与切·格瓦拉一起推翻了前届政府。他一方面促成了古巴与苏联等社会主义国家结盟,另一方面又受到美国的强烈制裁。

2   弗尔亨西奥·巴蒂斯塔(Fulgencio Batista, 1901—1973),1940—1944年任古巴总统。1952年,他成功发动军事政变,推翻时任总统,开启了独裁统治。1959年,他在古巴革命中被赶下台。在他当政期间,古巴腐败猖獗,收入不平等日益加剧。

3   United States Army Special Operation Command, *Case Studies in Insurgency and Revolutionary Warfare: Cuba 1953-1959* (Fort Bragg: Special Operations Research Office, 1963). Available at www.soc.mil.

有素的士兵，卡斯特罗的队伍的表面积简直微不足道。

这支小型游击队以微小的作战单位展开行动，利用典型的游击战术，逐步摧毁巴蒂斯塔的基础设施。他们从未正面攻击过古巴军队，毕竟没有足够的资源。相反，他们主攻脆弱、孤立无援的部队，以及通信基础设施或供应链中防守相对薄弱的部分。

卡斯特罗的队伍还具有机动性。他们把基地设在易守难攻的山区腹地，但并不局限于任何一片特定的疆域。因此，他们可以灵活行军，躲避追击，尽可能减小留给对手的攻击面积。

表面积这一视角表明，缩小接触面积既可用于防守，也可用于进攻。T.E. 劳伦斯（也称"阿拉伯的劳伦斯"）是史上最著名的游击战战士之一，曾率领一小群贝都因人对抗土耳其人，还撰写了有关游击战的基础文献。他曾这样解释游击战术的本质：努力做到"无影无形、无懈可击、无前无后"。

结论

表面积模型可以帮助我们判断在哪些情况下增加接触面积对我们有利，在哪些情况下有害。它告诉我们，提高多样性可以带来新的思路，从而促进创新。但表面积模型也提醒我们，在许多场景下，我们暴露在外的表面积越大，就越容易受到伤害。不同情况所需的表面积也不同。

当你不能说出全部真相时

地图可以很好地说明减小表面积的利与弊。所有地图呈现的都只是"现实的一个选定方面"。[1] 在选择地图所包含的细节时，我们其实也是在决定呈现这片疆域的视角。因此，所有地图显示的表面积都小于其对应的表面积。这里指的不是地理层面的表面积，而是概念上的表面积。地图无法捕捉到疆域的每一个细节，这也不是地图的意义所在。通过合理省略部分细节，地图减少了给定区域的信息数量。我们所说的地图减小了疆域的表面积，指的就是这种意义上的减小。

在《会说谎的地图》一书中，马克·蒙莫尼尔表示："一张好的地图中有许多善意的小谎言；它会掩盖真相，以便帮助使用者看到真正需要看到的内容……但地图的价值取决于其笼统的几何形状和内容能在多大程度上反映现实的某个特定方面。"

伦敦地铁线路图就是一个绝佳范例，生动地说明了为提高地图实用性而简化疆域的必要性。它的辨识度很高，被大量印在T恤、马克杯、海报等纪念品上，同时也是世界上无数地铁线路图的灵感来源。线路图的设计美观而简洁。然而，它如此成功的部分原因就在于它并不完全代表现实。线路图最初由哈里·贝克设计。他是一名电气制图员，其貌不扬，没有接受过正规的设计培训，只是把自己在绘制电路图方面的知识应用到了全新的领域。作为局外人，贝克能以一种全新的方式描述车站和地铁线路的相对位置。他放弃了地理层面的准确性，把线路描绘成简单的彩色线条，再用圆圈代表车站。[2] 但现实中，地铁线路和车站的分布并非如此简洁。

贝克于1933年公布了他大胆的设计，但很多人对此嗤之以鼻。地铁宣传部门无法想象乘客会使用它，毕竟这不是一张常规意义上的地图。贝克忽略了城市的实际规模，把车站描绘成几乎等距；忽略了地下轨道的迂回曲折，把地铁线路绘制成一张网络。他用45度角表示线路的交叉处，告知人们能在何处换乘。然而，试印之后，人们普遍对它一见钟情。哈里·贝克以一种全新的方式描绘了这座城市。第一批地图被乘客一抢而空，对他们来说，简洁远比地理层面的准确性更重要。尽管地铁系统经历了无数次变迁，但现代地图依然保留了贝克最初的设计精神。

由于地图总是简化的，所以必须省略大量不必要的细节。伦敦地铁线路图省去了不少（据估计多达 50 个）废弃车站，有的是因为客流量太少而关闭，有的则根本未曾开通。将这些车站纳入地图毫无必要，只会让人心生困惑或者想去这些车站内一探究竟，而这是违规的。如果你找准时机看向车窗外，现在还能瞥见几处这样的车站。

地铁线路图将伦敦的表面积缩小为一些信息点，以达到传递简单、有效信息的目的。因此，在交流时，减小表面积有助于提供有用的内容。蒙莫尼尔写道："地图必须省略可能引起混淆或分散注意力的细节。"我们无法一次涵盖所有内容。

1

Mark Monmonier, *How to Lie with Maps,* 3rd ed. (Chicago: University of Chicago Press, 2018).

2

Amar Toor, "Meet Harry Beck, the Genius Behind London's Iconic Subway Map," *The Verge*, March 29, 2013, https://www.theverge.com/2013/3/29/4160028/harry-beck-designer-of-iconic-london-underground-map.

数学

08　全局最大值与局部最大值

拥抱高峰和低谷。

函数的最值是指其定义域上的最值。尽管存在一个最大值，即全局最大值，但在给定范围内可能存在比它更小的峰值，即局部最大值。使用全局最大值与局部最大值这一模型能帮助我们了解自己何时达到峰值，或者是否还有进一步上升的空间。它提醒我们，有时要想向上就必须先向下。该模型还告诉我们，为了优化和达到峰值，我们必须先调整框架，再完善细节。

> 想要精益求精，可能需要暂时让方案变糟。
> ——布莱恩·克里斯汀和汤姆·格里菲思

最大值的特征之一是前增后减。因此，最大值往往出现在变化的临界点。

生成全局和局部最大值图形的算法在计算机科学中被称为爬山算法，正如布莱恩·克里斯汀和汤姆·格里菲思所述："因为在一系列或好或坏的方案中进行搜索，就好比在一片有山峰和山谷的地区探索最高峰。"在人的一生中，随着我们不断克服困难、培养技能，我们会经历起起落落，攀上高峰，也会坠入山谷。

爬山的一大挑战是判断我们正在攀登的是否为最高峰。使用全局最大值与局部最大值这一模型可以促使我们思考能否及如何才能做得更好。即使一切进展顺利，我们通常也只是处于局部最大值。在《逃离局部最大值》一文中，戴夫·雷尔表示："现实处境与理想目标之间的鸿沟是一种机遇，可以借此摆脱停滞不前的状态，寻找下一座想要攀登的高峰，进而实现进步。"[1]

---

[1] Dave Rael, "Escaping Local Maxima," October 30, 2015, https://simpleprogrammer.com/escaping-local-maxima/.

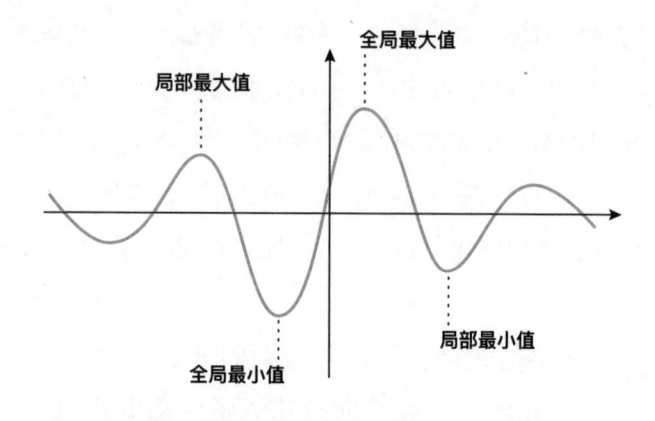

爬山图很像我们的人生经历：很多时候，我们都行走在高峰和低谷之间。

登上一座新的高峰意味着改变：改变你的认知，改变你的行事方式。在局部最大值处，事情已经达到当前条件下的最佳状态。要登上更高的山峰，我们就需要穿过山谷，因为在某些方面，我们又退回了新手状态；或者需要退后一步，拓宽视野，确定自己是否正朝着正确的方向前进。但随着我们习得新技能，结交新的合作伙伴，或者在优化过程中取得重大突破，我们就会重新开始向上攀登，达到下一个最大值。

穿越山谷

一个新产品从构思到被广泛使用，再到占有很大的市场份额，其过程通常是跌宕起伏的。从生产到销售再到市场营销，需要学习的商业知识很多，对那些立志将伟大理念转化为成功商业故事的商业新手来说，在此过程中犯些错误是不可避免的。此外，我们往往要一边努力穿越高峰和低谷，一边不断确认自己目前的能力不会阻碍我们攀登更高的山峰。全局最大值与局部最大值的视角说明了在将新产品推向市场的过程中，很多时候企业家在登顶一座高峰后，不得不下降到一个局部最小值，以迎接下一次充满挑战的攀登。

运动内衣的发展历程生动体现了产品从构思到成功的过程中可能经历的起伏。1977 年，热爱跑步的丽萨·林达尔[1] 遇到了一个问题。跑步动作会弄疼乳房，但她又不想就此放弃这项让她身心愉悦的运动。因此，基于跑步时关注到的需求，林达尔和朋友波莉·史密斯[2] 共同设计了第一款运动内衣，特点包括肩带不会滑落、面料的接缝处不会把皮肤磨红，以及对乳房有很强的支撑力，能最大限度地减少乳房在运动过程中的上下晃动。[3] 40 年后，运动内衣得到了广泛普及。阅读林达尔的故事，你会清楚地看到运动内衣最终的成功曲线图并非一条呈 45 度不断攀升的斜线，而更像是在穿越山峰和山谷，不断达到并超越局部最小值和最大值。

在对不同设计样式和面料进行了多次实验后，史密斯制作了一款一次性的运动内衣。林达尔穿着它跑步，发现效果不错。但做过产品原型的人都知道，制作原型的过程并不能被直接照搬用来批量生产。

林达尔与另一位参与了最初设计的女性辛达·施赖伯合作，一起尝试把产

---

1 丽萨·林达尔（Lisa Lindahl, 1948—），Jogbra（慢跑内衣）的共同发明者，同时也是贝丽丝压力舒适文胸的共同发明者，该文胸专为正在接受治疗的乳腺癌患者设计。两件原版 Jogbra 如今被收藏在美国史密森尼博物馆。

2 波莉·史密斯（Polly Smith, 1949—），获得艾美奖和英国电影学院奖的服装设计师。史密斯为数百个布偶设计了服装。她还将两条护身裤缝在一起，创造了第一件 Jogbra。

3 Lisa Z. Lindahl, *Unleash the Girls: The Untold Story of the Invention of the Sports Bra and How It Changed the World (and Me)* (United States of America: Eugenie Z. Lindahl, 2019).

品原型发展成一门生意。林达尔和施赖伯将其命名为"Jogbra"（慢跑内衣），随后还要想办法解决生产、销售、物流和市场营销等问题。从哪里可以采购所需的具体材料？在哪里可以缝制内衣？如何将它推向市场？谁来销售？如何让女性了解这种产品？

林达尔在回忆录《释放女孩》中回忆："创办和经营这家公司的核心始终是学习、获取信息，然后积累如何正确运用信息的知识。"这个循环往复的过程往往充斥着错误，因为积累知识的其中一环就是学习哪些东西不起作用，这与找出哪些东西有效同等重要。

林达尔的故事之所以有趣，部分原因在于公司的发展需要她通过突破个人的局部最大值和最小值来达到更高的全局最大值。

林达尔描述了公司的发展是如何要求她走出安全舒适区的。尽管感到害怕，但她还是在快30岁时重返大学校园，因为她意识到，从某种意义上说她已经在自己目光所及的山峰中到达了最高点。为了站得更高，她只能开始攀爬另一座山，"挑战过去阻碍她前进的许多根深蒂固的限制"。

另一个需要努力解决的问题是癫痫。林达尔从小就患有癫痫，她在书中描述了癫痫是如何影响她早期的选择和对自己能力的理解的。例如，由于癫痫发作带来的风险，她很害怕独居，因此选择了早早结婚。林达尔喜爱跑步，部分原因就在于跑步让她与自己的身体产生了更好的连接。正是这种连接让她没有因癫痫而放弃达到全局最大值的努力。癫痫是她生活中的一个因素，但她下定决心使癫痫不再成为限制因素（让癫痫变成1，而非0）。

谈及 Jogbra 的业务，林达尔对她早期选择的描述清楚地表明，她正在寻找攀登最高峰所需的一切。例如，林达尔决定把内衣作为运动装备在体育用品店出售，而不是遵循第一反应在百货公司的内衣区销售。据她所述，在 20 世纪 70 年代末，立法改革后，法律规定男女应平等参与体育运动，因此参与运动的美国女性呈井喷式增长。Jogbra 是当时市场上唯一一款能为女性参与运动提供灵活性和支持的产品。她认为，将 Jogbra 作为内衣推出会限制其销量，尤其是在内衣销量总体呈下降趋势的情况下。然而，以男性为主的销售代表和体育用品店老板很难接受 Jogbra 属于运动装备。林达尔和她的小团队必须非常努力地说服他们，Jogbra 之于女性就和护身裤之于男性一样重要。

她在书中描述了开张的第一年：

> 已经有了很多关于产品和团队的报道，我们从来不缺订单。大家普遍认为 Jogbra 在很短的时间内就取得了成功。真的很快。这种看法得到了销售数据的支持。我们在经营的第一年就实现了盈利，完全没有意识到这有多不寻常。

这是一个了不起的开端，很快她们就达到了局部最大值。不过，第一年结束时，她们并没有达到全局最大值。林达尔经常提到，她必须不断学习，才能保持公司的增长。

在学到新知识时，你应该重新回到山脚吗？在很多方面确实如此。如果你从来没做过市场营销，那在掌握这项技能之前，你肯定会在一段时间内表现不佳。在你的公司得以利用营销为局部最大值创下新高之前,你必须从营销的山脚下开始。

林达尔描述了公司在同时开发产品线和塑造品牌时所犯的许多错误。糟糕的命名、难看的颜色及不受欢迎的风格,不一而足。她说:"在最初的几年里,我们有些偏离了轨道。但我们一直在学习,认识到不依赖于单一产品的重要性。"她认为开发 Jogmitt(慢跑时戴的手套)是失败的,但进军男装是成功的。"随着时间的推移,产品线也在不断发展,有些产品日后被淘汰,有些则成了主打产品。而还有些……就应该永远停留在图纸上。"从全局最大值与局部最大值的角度来看,试验虽然难免失败,但也是成功的必经之路。后退是为了更好地前进,但如果你还能提高,你就会意识到自己还没达到全局最大值。

部分产品的失败让 Jogbra 团队认识到自己的利基市场所在,久而久之他们变得越来越擅于利用这一市场。随着公司的发展壮大,前进的道路依然坎坷。扩张需要新的专业技能,往往也需要更多资金。合作面临挑战,竞争日益激烈。最终,由于"迫切需要资金来维系销量的持续攀升,"二人将公司卖给了倍儿乐(Playtex)。对林达尔来说,这不过是另一座山峰和山谷,让她开始探索人生的其他高峰。

林达尔在回顾发明运动内衣和创立 Jogbra 公司的经历时写道:"你在制订计划时,总是朝着目标向上看,但只有在达到目标时你才会发现自己以为的顶峰、努力的天花板,不过是更上一层楼时的地板。"

优化

全局最大值与局部最大值模型的另一个用途是优化。该模型会告诉你如何及何时进行优化，以及何时应该避免过度优化。

这部分从最小值说起会更容易理解。[1]

假设你想找出自己家乡的最低点（从这个点出发，去其他地方都是上坡），你会怎么做呢？方法之一是拿一个球（我们就选篮球吧），把它放在地面上，然后观察它滚向哪里。如果它是在山上的话，那就会滚下山，但因为城市很大，球不可能去向每个角落、走完所有路线，所以它不可能停在绝对的最低点。相反，它可能会停在某条街的最低点，即局部最小值。我们能否完善这一方法呢？

假设我们制造一个巨大的球，比如直径达 400 米。暂且不考虑这项计划会带来的责任和生产成本。它将如何滚动？这么大的球很容易撞毁房子，更有可能找到接近全局最小值的地方，但凭它自己永远也找不到全局最小值。为什么呢？

因为它实在太大了。真正的全局最小值可能就在这个庞然大物的下方，而这个巨大的球永远无法触及那里。但现在我们已经很接近目标，可以换回一开始的篮球。最后，我们可能找到了真正的全局最小值。

这个故事关乎优化中的规模。它告诉我们在尝试优化细节之前，我们需要先做出较大的改变，没有其他可行的办法。我们还需要关注变化的方向性。球滚动的反馈机制告诉我们该往哪个方向看。我们不能只是随机在不同位置采样，试图预测哪条路能帮我们实现最大限度的优化。这个思想实验带来的另一个启发是局部最小值（或最大值）是一种陷阱。小篮球很快就卡住了。后退一步，选用更大的球，更大的跳跃能更清晰地显示全局最小值的位置。

---

[1] 感谢内森·塔格特（Nathan Taggart）建议增加本篇内容并提供素材。

全局最大值与局部最大值这一模型提醒我们，如果不愿意全力以赴，不愿意大胆冒险，不愿意偶尔失败，我们往往就无法充分发挥潜力。

利用新的伙伴关系进行优化

我们无法通过函数来确定生活中的主观状态，比如我们是否已经达到个人成功的全局或局部最大值。必须对具体事件进行分析，从而确定我们是否已经在设定的参数范围内做到了极致，或者是否需要重新组合，改变优化的规模，从而找到更高的山峰。

使用全局最大值与局部最大值模型可以帮助我们确定何时及如何找到更高的山峰。有时我们知道自己已经很接近新的峰顶，那么就只需要进行微调，就像上文提到的滚动篮球的例子一样。当感觉自己根本没找对地方时，我们就需要用到一个更大的球。改变优化的规模可以让我们明白目标为何，以及如何实现它。对摇滚乐队来说，我们可以把乐队成员想象成大球，把单个和弦想象成篮球。如果贝斯手不合适，还把你带偏了，那么为了摆脱局部最小值去改变一首特定歌曲的和弦就毫无意义。在乐队开始改变形象或风格前，首先需要确保团队成员都是最合适的人选。

皇后乐队家喻户晓，他们的成功有目共睹。热门歌曲似乎一首接一首，有数百万听众，也给许多音乐家带去灵感。人们很容易认为这全靠运气，实则不然。皇后乐队是多年试验、发展的产物，也经历过许多次失败的组合。在组成皇后乐队之前，每个成员都花了数年时间学习如何在音乐事业上不断优化以取得成功。

皇后乐队的每位成员——弗雷迪·莫库里、布莱恩·梅、约翰·迪肯和罗杰·泰勒——以前都组建过乐队，其中有不少并非完全失败，曾在颇具规模的场地演出，拥有粉丝，甚至签过唱片合约。然而，回过头来看，皇后乐队的成员在之前的每支乐队中其实都只达到了局部最大值。

贝斯手约翰·迪肯"从12岁起就一直在弹他那把靠早上送报纸赚的钱买的原声吉他"，在14岁之前，他就和几个朋友组建了一支名为反对派的乐队。他们一起演奏了4年，其间换了10名成员。有些人离开是为了追求其他兴趣，有些则是因为演奏水平不高或者与其他成员不合而被要求离开。约翰在演奏和编曲方面都是一个完美主义者，反对派在他们的家乡莱斯特演出过很多次。正如马克·霍金森在《皇后乐队：早期时光》中所述："这是约翰·迪肯的音乐学徒时期，他学得非常全面。"此外，在加入皇后乐队之前，他还和一些朋友短暂地组建了另一支乐队，名字就叫迪肯。

罗杰·泰勒最初是吉他手，后来才开始打鼓。他加入过三支乐队，其中第三支"反应乐队"存在的时间较长。几年间，这支乐队先后有过6名成员，也经历过成员间的磨合。这是一个学习的过程，一个不断努力理解什么会促进凝聚力和创造力、什么又会阻碍团队成功的过程。泰勒"逐渐成为天生的领导者。当时他还不到17岁……但心甘情愿地承担了管理团队的大部分责任"。这些帮助他积累了后来成功运用于皇后乐队中的经验教训。

1　Mark Hodkinson, *Queen: The Early Years* (London: Omnibus Press, 2009).

布莱恩·梅也是在学生时代开始弹吉他的。他对科学和音乐都很着迷,"命中注定布莱恩会把他对音乐和技术的兴趣相结合,他和一个学校的朋友一起……开始录制歌曲"。他和朋友们组成了一支名为 1984 的乐队,在多年间一直拥有 8 名成员。他和其中一个叫蒂姆·斯塔费尔的人一起创作歌曲。这些和声后来都改编成了皇后乐队的歌曲,"在这些原始的成长时期,许多年以后的一些理念已经慢慢有了雏形。" 1984 乐队没有合适的成员助力歌曲的走红,但尝试写歌的过程让梅知道他可能需要什么样的人来优化这些歌曲。

梅在其他乐队的歌曲录制中担任吉他手和伴唱。在 1984 乐队期间,他接触到了乐队成功所需的一些要素:舞台布景、音效检查、乐队礼仪和行业怪癖,以及耐心。这些信息对他了解成功所需的最基本要素非常有用:一支乐队在探索音乐风格和创作歌曲的过程中需要哪些人。20 世纪 60 年代末,布莱恩·梅和罗杰·泰勒与蒂姆·史塔菲组建了微笑乐队。微笑乐队努力将每个成员的所学融合在一起,以寻求更高的局部最大值。"当初的腼腆和保守都一去不复返,而布莱恩和蒂姆的思想也反映了这些变化。个性就是一切,为了支持自由表达,新组合的歌曲大都为原创歌曲,他们也会从独特的角度诠释他人的音乐。"

微笑乐队得到了一份唱片合约和稳定的演出机会——绝对称得上音乐界的局部最大值。他们录制了歌曲,打算发展成一支"专辑乐队",却发现签订唱片合约没有让他们朝着预想的方向发展。他们转变了方向,"以坚强的意志力下定决心深挖现场演奏的利基市场"。他们明白了音乐行业的不可预测性,乐队在录音室录制的专辑并未发行。然而,"后来被皇后乐队精彩演绎的元素已经出现"。

弗雷迪·莫库里（原名法鲁克·布尔萨拉）后来成为皇后乐队的传奇主唱，他在印度和坦桑尼亚的桑给巴尔长大，十几岁时移居英国。一方面，莫库里热爱音乐，并作为学校非官方乐队的一员翻唱歌曲，另一方面，他也在很早之前就深刻理解了音乐成功的另一个关键因素——形象。他曾于1985年在"拯救生命"（Live Aid）的摇滚音乐演唱会上大放异彩。和乐队的其他成员一样，他花了很多年才成为一名艺术家。他曾先后加入野山羊乐队（Ibex）和酸奶海乐队（Sour Milk Sea）。在此期间，唱功和舞台表现力都得到了显著的提高。莫库里被描述为具有"一种坚韧不拔、一心一意的精神"，读了他的故事，你会发现他非常注重细节，会努力吸收环境中的动态变化。

在皇后乐队开始创作热门歌曲前，成员们首先要找到对方。

换搭档就像滚大球一样，你对这片疆域有了一定的感知，对球可能滚向哪个方向也能猜个大概。但是，团体演奏音乐的涌现属性意味着你永远无法准确预测个体聚集在一起时会创造出什么样的声音。在开始一起演奏前，你无法得知他们是否已经在全局最大值上"尘埃落定"。

1970年，已经彼此熟识了一段时间的梅、泰勒和莫库里决定组建一支新乐队。基于他们多年来积累的知识，首先他们必须滚动大球，找到一位贝斯手。他们找过三个人，最后才找到了约翰·迪肯，结果证明他非常合适。

感觉自己已经处于全局最大值的大致范围内后，他们便开始逐一完善细节。乐队不断演出、创作音乐，"公开征求朋友对其演出的意见，不怕批评"。通过不断学习、吸收反馈信息并持续提升，不断优化以求达到全局最大值，皇后乐队成为有史以来最具活力、最令人难忘的摇滚乐队之一。

结论

全局最大值与局部最大值这一模型能以不同的方式帮助我们做出成功所需的改变。它告诉我们不要把实现目标看作一条稳步上升的轨道，相反，它应该是一条布满高峰和低谷的道路。意识到有时为了攀登更高的顶峰，我们必须经历低谷，有助于我们在短期内做出牺牲，以实现长期目标。这个模型还告诉我们如何通过优化找到全局最大值。在尝试优化细节之前，先做出大的改变会更卓有成效。

减少盲点、预防问题：如何使用思维模型

你已经读完了"思考的框架"系列图书的第三册。此刻，你的工具箱中已经有近50个来自本系列图书的模型。我们希望对每个模型的探索都能给你带来启发和乐趣。但此刻你可能想问，下一步该怎么做？如何才能将这些关于永恒知识的思想种子发扬光大，从而在生活的方方面面做出切实的改善？

接触新思想永远是学习的第一步。但为了增长智慧，一切所学都需要经受检验。学习思维模型不能只靠被动阅读，寄希望于有朝一日生活自然而然就能发生积极的变化。你必须主动加以运用。

不妨选择一个模型，或许可以每周选择一个，练习通过这个模型的视角审视自己的生活。你注意到了什么？哪些地方似乎发生了变化？写下或记录下你的观察结果。花点儿时间复盘使用每个模型的经历，因为只有通过反思，才能积累起最具价值的知识。留意那些你根据模型提供的洞察力做出了不同的选择的地方，观察哪些做法行之有效并最终改善了结果。从错误中吸取教训。久而久之，你会了解每种模型在哪些方面最有价值，最有可能帮助你。

随着练习使用过的思维模型越来越多，你就能逐渐搭建起一个思维模型格栅。你会发现其中的联系，注意到某些模型在与其他模型搭配使用时能带来最精妙的洞见。最终，你搭建的思维模型格栅将包罗万象，任何情况下

都能派上用场，帮助你减少盲点、预防问题。

使用思维模型是贯穿一生的旅程，本书只是这趟旅程中的小小一步。"思考的框架"系列图书的下一册将涵盖来自新学科的基础理念，为你的工具箱再度添砖加瓦。

改善生活意味着要看清世界的本来面目，并学会遵循支配世界的基本原则。要想做出更好的决策，并最终过上更有意义的生活，拥有一套反映世界运转规律的缜密思维模型至关重要。

随着"思考的框架"系列图书走向世界，我们将在官方网站上持续发布学习资料，帮助读者将模型融入思维方式。正如我们在《思考的框架2》中所述，用不了多久，在使用思维模型时，你就可以运用自己日积月累的思维力量。这些理念将成为你思维结构中不可或缺的一部分，以至于在遇到任何问题时，你都离不开它们提供的宝贵视角。

后记

感谢你阅读《思考的框架 3》。我很欣赏"思考的框架"系列图书的不断演化,通过运用其中的原则,我们所有人都能持续成长。我们迫切希望了解这个日趋复杂的世界,能够满怀信心地做出重大决策,该系列图书满足了我们的这些需求。在这本书中,我们学习了帕累托原则如何帮助我们决定把精力集中于何处,"找到 0"如何帮助企业生存下去,以及为何在情况有所好转之前事情真的会变得更糟。(这不是错觉,这是数学原理,所以请一定坚持住!)

如果你喜欢解决问题和学习新的思维方式,欢迎了解 Automattic 公司。自 2005 年成立以来,我们始终致力于实现出版和商业的民主化。

我们是 WordPress.com、Tumblr、Jetpack、WooCommerce 等品牌的幕后功臣,这些创新产品能帮助人们表达自我并且养活自己。我们的员工分布在全球各地,他们因一个共同的愿望凝聚在一起,那就是建设更美好的网络和更美好的世界。我们正在迅速成长,因为肩上的使命比以往任何时候都更加重要。

与 Automattic 的优秀员工共事,你可以产生真正的影响力,为开放性网络塑造一个操作系统:世界上排名前 1 000 万的网站中,超过 40% 选择 WordPress 作为他们的基础,是市场上第二大平台的 10 倍还多。最重要的是,在 Automattic 工作意味着将职业生涯与开源的力量和可持续性联系起来。

Automattic 极其灵活的工作环境能使你达到最佳状态，而我们多变的企业结构和鼓励自主性的文化意味着你可以在此发挥巨大的影响力，而不仅是机器上的一颗螺丝钉。如果你既理想主义又脚踏实地，如果你相信改变世界和挣钱谋生互不冲突，那么这里也许就是属于你的舞台。

杰弗里·扎尔德曼
WordPress.com 特别项目负责人兼创意总监

致谢

书籍从来不是一个人的思想结晶。我始终感激那些在"思考的框架"系列图书编写过程中与我分享智慧和见解的人。

首先,感谢罗茜·莱兹罗伊丝,她是一位出色的写作搭档,不畏任何主题的挑战,对于细节一丝不苟。她对本书的贡献是无价的。

感谢图书设计师加文·赫特和插画家玛西娅·米霍蒂奇,每一册的设计都比上一册更加精美。谢谢你们精益求精的努力。

我们有幸拥有众多优秀的撰稿人和评论者。感谢西蒙·霍鲁普·埃斯基尔森、杰夫·安内洛、塔拉·斯莫尔、蒂娜·坎特里尔、内森·塔格特、蒂姆·布拉加萨、伊夫·科隆布、里克·琼斯、兰·克莱因和格雷戈里·P.穆尔博士提供的宝贵洞见。如果没有这样一个善于思考的团体愿意花费宝贵的时间来质疑和讨论我们的理念,本系列图书的价值就会大打折扣。

感谢编辑克里斯汀·霍尔-盖斯勒的细心工作,确保整本书稿清晰、流畅。

感谢校对员库珀·李、庞巴迪、萨拉·柯林和詹·扎克-开普勒——我很惭愧,也很感激你们发现和纠正了那么多错误。

感谢维姬·科森佐,谢谢你为本书的最后一英里付出的辛勤汗水,保障了销售物流。

感谢作者沙恩对本系列图书的付出。你深知思维模型的价值,这一深刻洞察也不断为本系列图书的编写方法带来启发,塑造了书中的内容。

最后,我要感谢所有的读者。法纳姆街何其有幸拥有众多愿意与我们共同探索思维模型的读者。非常感谢你们对本系列图书和我们所做的工作的支持。

里安农·博宾

法纳姆街媒体主管编辑